中国学者研究文库

中国社会养老保障
广义缺口问题研究

Research on the Generalized Pension Gap of China

刘 杨 著

中国书籍出版社
China Book Press

图书在版编目（CIP）数据

中国社会养老保障广义缺口问题研究/刘杨著.
—北京：中国书籍出版社，2018.8
ISBN 978-7-5068-6971-3

Ⅰ.①中…　Ⅱ.①刘…　Ⅲ.①养老—社会保障制度—
研究—中国　Ⅳ.①D669.6

中国版本图书馆 CIP 数据核字（2018）第 180954 号

中国社会养老保障广义缺口问题研究

刘　杨　著

责任编辑　吴化强
责任印制　孙马飞　马　芝
封面设计　中联华文
出版发行　中国书籍出版社
地　　址　北京市丰台区三路居路 97 号（邮编：100073）
电　　话　（010）52257143（总编室）　（010）52257140（发行部）
电子邮箱　eo@chinabp.com.cn
经　　销　全国新华书店
印　　刷　三河市华东印刷有限公司
开　　本　710 毫米×1000 毫米　1/16
字　　数　160 千字
印　　张　13
版　　次　2018 年 9 月第 1 版　2018 年 9 月第 1 次印刷
书　　号　ISBN 978-7-5068-6971-3
定　　价　45.00 元

序

社会保障制度作为我国一项基本社会制度，经过多年的探索和实践，已逐步发展成为一个以养老保险、医疗保险和失业保险等社会保险项目为主要内容，多渠道筹集资金的制度体系。其中，养老保险制度因其涉及人口较多、保险给付金额较大并且是解决老年人基本生活问题等特点，成为社会保障制度中的重要项目。特别是在人口老龄化日趋严重的背景下，养老金缺口已经发展成为威胁各国财政承受力的重大现实问题，各国也不同程度地进行了相应的改革。我国从20世纪末期即已进入老龄化社会，全国各地面临不同程度的养老金缺口问题。因此，针对我国整个养老保障制度养老金缺口的测算以及财政承受力的分析，具有重要现实意义。

本书采用了多学科知识相结合、定量与定性研究相结合、经济学理论与我国养老保障实践相结合、横向比较与纵向分析相结合等方法，以中国养老金缺口问题为研究对象，在现状介绍、文献综述和相关理论阐述的基础上，指出在考察我国财政是否对整个社会养老保障体系具有足够的承受力时，单从城镇职工养老保险制度这一项缺口来考虑是不够的，也是目前研究中所欠缺的，因而创造性地提出了社会养老保障广义缺口的概念。社会养老保障广义缺口泛指养老保障体系中没有资金来源或者需要国家财政承担的部分。在当前我国社会养老保障体系中，当养老支付资金不足时，国家是以最后兜底人的身份出现的，在这种意义上理解，社会养老保障广义缺口也就是某一年国家财政需要为国民养老保障负担多少钱。而从当前我国社会养老保障不同项目来看，社会养老保障广义缺口应该包括城镇职工基本养老保险制度收支缺口、城乡居民社会养老保险制度中财政负担的部分、机关事业单位离退休费支出以及城乡社会救济中财政用于养老部分支出等的社会养老保障中财政负担的部分，是当期缺口的概念。而某年城镇职工基本养老保险制度收支缺口，为狭义缺口。

接下来，针对当前我国社会养老保障广义缺口展开测算，根据涉及社会养老保障广义缺口的城镇职工基本养老金缺口、城乡居民社会养老保险金缺口以及机关事业单位养老金缺口等多个方面分别采用不同的测算方法进行测算，综合测算出2015年我国社会养老保障广义缺口数值。

紧接着，探讨了解决养老金缺口问题的根本对策——实行最低社会养老。所谓最低社会养老保障制度，是指公民无须缴费，由公共财政出资为满足领取最低养老金条件的居民提供的最低养老保障金制度。同时，本书对最低社会养老制度的具体实施进行了探索。

最后，探索性地论述了养老金缺口与国家经济安全的关联机制，并探讨了国家经济安全指标体系中养老金缺口相关指标的设置问题。社会保障和国家经济安全是息息相关的，从国家经济安全的范畴来看，社会保障涉及间接经济安全问题，属于安全能力的部分。社会保障是维护国家安全的经济手段。根据中国的现实情况，社会保障基金缺口这一问题可能会影响国家经济安全能力，进而影响国家经济安全。而对国家经济安全指标系统中养老金缺口相关指标的设定，也应从安全条件和安全能力两个角度进行考虑，设置“养老保障广义缺口占财政收入比重”、“狭义养老金缺口财政承受系数”和“财政收入增长速度”三个指标。

本书的创新点主要体现在以下几个方面：

第一，尝试性提出养老保障广义缺口的概念，从更广的层面上考查我国养老金缺口的情况。在提出广义缺口概念的基础上，区分不同的社会养老保障项目，对广义缺口进行测算，并给出了社会养老保障广义缺口预测的方法。

第二，提出了解决养老金缺口的对策——实行最低社会养老。本书在权衡各种养老保障模式、进行国际比较以及分析解决我国养老金缺口的资金来源的基础上，认为实行最低社会养老制度才是相对可行的社会养老保障模式，并对其实行的可行性和路径进行了具体探讨。

第三，将养老金缺口问题与国家经济安全相关联，展开探索性研究。研究了养老金缺口影响我国经济安全能力的传导机制以及国家经济安全监测评估指标体系中养老金缺口相关指标的设置。

本书是对中国社会养老保障广义缺口问题的初步探讨，不足之处在所难免，恳请读者赐教。在研究过程中，参阅了大量国内外学者的研究成果，在此一并表示感谢。

刘 杨

2018 年 4 月 13 日于北京

目　录
CONTENTS

第1章

绪　论

社会保障制度是人类社会一项久远的福利制度安排，是各种具有经济福利性的、社会化的国民生活保障系统的统称①。在当今社会，社会保障制度更是一个国家重要的社会经济制度之一。一般而言，一国的社会保障体系是由社会保险、社会救济和社会福利等项目组成的，而社会保险又包括养老保险、医疗保险、失业保险以及工伤保险等不同的项目。养老保险是国家立法强制征集社会保险费（税），并形成养老保险基金，当劳动者退休后支付其退休金，以保证其基本生活需要的社会保障制度，又称公共养老金制度②。由于养老保险涉及人口较多、保险给付金额较大并且解决的是老年人基本生活问题等特点，使其成为各国最重要的社会保险项目，尤其在人口老龄化的背景下更是如此。人口老龄化增加了养老保险资金的需求，使养老保险制度陷入收支失衡的财务危机。纵观当今世界，许多国家都不同程度地出现了养老金缺口问题，对养老保险制度的可持续性形成挑战。

---

① 郑功成，社会保障学：理念、制度、实践与思辨，商务印书馆，2009年10月：11页。

② 李珍，社会保障理论（第二版），中国劳动社会保障出版社，2010年1月：145页。

1.1 选题背景与研究意义

1.1.1 选题背景

一、中国人口老龄化程度加深

某一时点上，某一国家（或地区）各年龄组人口在全体人口中所占的比重称为人口年龄结构，而人口老龄化是用以衡量人口年龄结构的重要指标之一。人口老龄化的含义可以从两个角度来理解，一个角度是老年人口在总人口中所占比例不断上升的动态过程；另一个角度是一个国家（或地区）人口年龄结构呈现出的老年状态，即进入老龄化社会。按照国际惯例，一个国家60岁以上老年人口数占总人口数的比重达到10%，或65岁以上老年人口占总人口数的7%，就表明该国进入老龄化社会。随着经济社会发展、医疗水平提高、人口寿命延长以及出生率的下降，全球人口老龄化趋势愈发严重。人口老龄化带来的最严重的后果之一就是各国养老保险制度的可持续性危机，养老保险基金收入与支出之间产生巨大差额，即养老金缺口问题。

表1－1　六次人口普查人口年龄结构变动

年份	0－14岁（%）	15－64岁（%）	65岁及以上（%）
1953	36.28	59.31	4.41
1964	40.69	55.75	3.56
1982	33.59	61.50	4.91
1990	27.69	66.74	5.57

续表

年份	0-14岁（%）	15-64岁（%）	65岁及以上（%）
2000	22.89	70.15	6.92
2010	16.60	74.53	8.87

根据《中国统计年鉴》以及历次人口普查数据整理而成。

我国从1999年开始进入老龄化社会，根据上表中第六次全国人口普查数据显示，我国60岁及以上人口数为17765万人，占总人口的比例为13.3%，而其中65岁及以上人口数为11883万人，占总人口的比例达到8.9%①。人口老龄化会直接导致老年人口抚养比的提高。老年人口抚养比又叫老年人口抚养系数，是指某一国家（或地区）老年人口数与劳动年龄人口数之比，通常用65岁以上人口占15-64岁人口的比重加以计算，是从经济角度反映人口老龄化后果的重要指标之一。我国老年人口抚养比已经从1995年的9.2%，上升到2016年的15.2%，大体上抚养比逐年提高，并存在着逐步加快的趋势②。

据有关机构预测，在今后的30年里，中国人口老龄化将呈现加速发展态势，60岁及以上人口占比将年均增长16.6%，2040年60岁及以上人口占比将达28%左右，在这30年里，中国将全面步入老龄化社会。到2050年，60岁及以上老人占比将超过30%，社会将进入深度老龄化阶段③。中国的人口老龄化问题出现在"未富先老"、城乡二元结构依然存在的背景下，人口老龄化的过程与经济转型、社会转型等交织在一起，这无疑给解决人口老龄化增加了难度。

---

① 国家统计局《2010年第六次全国人口普查主要数据公报》

② 根据《中华人民共和国国民经济和社会发展统计公报》相关数据计算而得。

③ 新华网 http://news.xinhuanet.com/politics/2010-09/11/c_12541021.htm

表 1－2　2016 年年末我国人口数及其构成

指标	年末数（万人）	比重（%）
全国总人口	138271	100.00
其中：城镇	79298	57.35
乡村	58973	42.65
其中：0－15 岁	24438	17.7
16－59 岁	90747	65.6
60 岁及以上	23086	16.7

数据来源：《中华人民共和国 2016 年国民经济和社会发展统计公报》

二、中国财政收支状况概述

一般而言，经济发展程度决定财政收支规模，因此，GDP 与财政收入基本保持同方向变动。20 世纪 60 年代，英国经济学家皮考克和怀斯曼研究指出，随着经济的发展，以不变的税率征收的税收会上升，即财政收入会增加，从而使得财政支出增加和 GDP 增长成一种线性关系①。中国改革开放 30 年来，国民经济始终保持高速增长，GDP 总量从 1978 年的 3645 亿元增至 2016 年的 744127 亿元，相应的，财政收入规模从 1978 年 1132 亿元增加至 2016 年的 159552 亿元，财政支出规模也从 1978 年的 1122 亿元增至 2016 年的 187841 亿元，通过观察我国历年财政收支情况与 GDP 增长情况的数据可以总结出如下特点：其一，随着经济的增长，财政收入和支出均相应的增加，即我国 GDP 和财政收支基本保持同步增长；其二，财政收入与支出存在逆差，逆差值从 1990 年 147 亿元到 2016 年的 28289 亿元逐年增大②。

---

① 刘邦驰，中国当代财政经济学，经济科学出版社，2010 年 2 月：102 页。

② 数据来源：历年《国民经济与社会发展统计公报》。

在社会主义市场经济下，财政的职能主要包括资源配置、收入分配、调控经济和监督管理。由于市场失灵的存在，需要政府对收入分配活动进行适当的调节以保证公平性，财政收入分配职能主要通过税收以及转移性支出手段来实现的。

目前我国财政社会保障方面的支出包括预算内和预算外两部分：其中社会保障补助支出、行政事业单位离退休费、抚恤和社会福利救济费等属于预算内支出；而政府举办的养老、医疗和失业等社会保险支出则属于预算外支出，纳入财政专户管理①。但不论是否纳入预算管理，社会保险收支在各国都属于政府的财政收支，社会保险资金在性质上也属于财政资金，政府对社会保险的补助在政府一般预算和社会保险基金间构筑了一座资金桥梁，从而使社会保险基金的收支状况直接影响政府一般预算支出规模②。

世界各国政府对养老保险资助的模式主要有三种：一种是政府按养老金支出的一定比例向社会保险拨款资助；如德国、英国等；第二种是政府按社会保险的受保人数拨款，如意大利等国；第三种是政府有责任弥补社会保险收支差额，如荷兰等国，在西方国家中只有美国没有从一般预算收入中向养老保险提供补贴，而我国财政对社会保险的资助则采用的第三种模式③。在各社会保险项目中，目前我国财政补助最多的是基本养老保险。根据有关数据，从 1998 年开始，财政预算中增设“社会保障补助支出”科目，而中央财政养老补助逐年增加，从 24 亿元增加到 2007 年 892 亿元，

① 朱青，中国社会保障制度完善与财政支出结构优化研究，中国人民大学出版社，2010 年 3 月：275 - 276 页。

② 一般预算支出是国家对集中的预算收入有计划地进行分配和使用所形成的支出。

③ 朱青，中国社会保障制度完善与财政支出结构优化研究，中国人民大学出版社，2010 年 3 月：171 - 173 页。

1998－2007 十年间共计 4502 亿元，近几年，地方财政每年补贴 60 亿元左右①。2008 年各级财政对养老保险补助支出则高达 1341 亿元②。2008 年我国财政收入 61330 亿元，养老金补助占当年财政收入的比重为 2.2%。

一般认为，养老金筹资模式主要有现收现付制、完全积累制和部分积累制三种。现收现付制是由社会保障管理机构按需要支付的养老金总额进行筹资，雇主和雇员（或单方）按照工资总额的一定比例缴纳保险费，其筹资原则是近期横向收付平衡，当年提取、当年支付、没有积累；完全积累制是由雇主和雇员（或单方）自劳动者参加工作之日起，按工资总额的一定比例定期缴纳保险费，计入个人账户，个人账户基金归个人所有，体现了远期纵向收支平衡的筹资原则；部分积累制是在保证一定时期支付需求得到满足的前提下，储备一定的基金，储备基金的数额是根据人口老龄化程度而灵活设置的变量，其原则是分阶段收支平衡③。

现收现付制的特点是当前工作的一代人赡养退休人口，因此基金的平衡不受通货膨胀和利率变动的影响。但随着人口老龄化趋势越发严重，退休人口增多，老年人口赡养率提高，现收现付制收支难以平衡；完全积累制的特点是劳动者在工作期间为将来退休之后的养老做准备，受人口结构变化影响较小，并且个人缴费与退休收益直接挂钩，基金运作透明度相对较高，可以激励缴费积极性，减少提前退休，其缺点是对通胀等经济波动的承受能力较差，贬值风险较大；部分积累制的特点是融合了现收现付制和完全积累制的特点，使现收现付制在遭遇人口老龄化时面临的资金压力

---

① 尹蔚民，纪念人力资源和社会保障事业改革开放 30 年文集：1978－2008 中国人事出版社：109 页。

② 数据来源：国家财政部网站相关新闻

③ 杨宜勇、吕学静，当代中国社会保障，中国劳动社会保障出版社，2005 年 5 月：45－46 页。

得以减轻，并且由于资金积累的规模比完全积累制小，所以贬值风险较低。

1.1.2 研究意义

中国经济体制改革的关键问题之一是建立并完善符合我国国情的社会保障制度，由于市场失灵的存在，市场经济中需要国家进行一定程度的干预，以保证收入再分配职能的实现。国家对于公民养老问题应该承担有限的责任，以维持公民老年时期的最低生活。养老保险制度是社会保障制度重要组成部分，也是一直以来我国社会保障体制改革的主线。而养老保险制度运行的核心问题是养老保险基金的筹集和供求平衡问题，只有养老金供求平衡，有稳定、持续的资金来源，才能保证养老保险制度长期、持续的运行。养老金缺口问题显然不利于养老保险制度的可持续运行，缺口严重到一定程度必然会导致养老金支付危机。另外，从某种意义上讲，养老保障问题是重要的社会问题、经济问题，不但关系到一个社会中老年人口的生存、生活，如若处理不好，养老金赤字可能威胁到中央和地方政府的财政稳定，也会危害社会稳定、经济发展，甚至影响一国的经济安全。

因此，在我国人口老龄化和养老金缺口问题日益严重、财政承受能力又相对有限的背景下，利用最新的数据，根据我国最新的养老保障安排，进行我国当下养老金缺口问题的研究显得格外必要。本书正是针对养老金缺口问题的研究，并且创造性地提出了养老保障广义缺口的概念，紧接着从广义缺口的角度，对我国整个社会养老保障体系的广义缺口进行了测算，并结合财政未来的增长空间，分析了中国养老保障的财政承受力问题。不但丰富了我国养老金缺口问题的理论研究，具有一定的理论价值，同时针对养老金缺口中政府财政承受力的研究，有利于加深对养老金制度存在问题的认识和反思，并且采用较新的数据，分别测算了城镇职工养老保险、城乡居民养老保险以及机关事业单位等的广义缺口数值，广义缺口体现了我国财政对整个养老保障体系负担的情况，对于分析财政之于养老保障的承受力研究更有价值，因此其结论也更有借鉴意义。同时本书最后试图为我国养老金缺口问题的解决创新性、系统化的提出自己的对策、路径探索，对于我国养老保障制度改革具有现实意义和参考价值。另外，本书试图对养老金缺口与国家经济安全相关联进行研究，对于养老金缺口影响经济安全的传导机制的探索，对国家经济安全监测评估指标体系中养老金缺口相关指标的设置，均为养老金缺口和经济安全领域的研究，提供了崭新的视角。

1.2 文献综述

国内外学术界针对养老金问题的研究由来已久，这里仅针对涉及我国养老金缺口问题的相关研究，分概念界定、对策研究、中国养老保障模式选择以及社会保障与国家经济安全关联研究等方面进行研究综述，旨在展现当前研究现状并分析其不足。

1.2.1 相关概念界定研究综述

养老金缺口相关概念的界定是研究缺口问题之前提，针对隐性债务（Implicit Pension Debt，缩写为 IPD）内涵的定义，国内学术界有很多不同的界定，但综合来看，大都认为隐性债务是需要政府偿还的参保的养老金权益。具体区分开来，房海燕（1998）认为在现收现付制下，隐性债务指特定时点累积的对政府部门索取养老金的权利价值减去历年滚存的基金余额。左学金（2001）认为隐性债务是指投保职工的养老金总权益（包括未来的养老金发放）与养老基金的总资产（包括未来的收入）的贴现值的差额。以上两者均认为是养老金权益值与养老保险基金滚存余额的差额。而其他人的研究则只是指出隐性债务是参保者的养老金权益，具体如下：

董克用、王燕（2000）认为目前主要有三类：一是指到目前为止已经产生的债务和将来支付的养老金现值；二是指当前职工和养老金领取人的债务，假定现存养老金制度一直延续到最后一个人死亡（不包含新缴费人的加入），现存成员的贡献和他们的新权利在现行规定下都可以得到承认；三是指开放系统的债务，即缴费的当前价值和目前制度下新职工的养老金及可能扩展范围的债务。

边恕、穆怀中（2005）指出现收现付制下的养老金债务以隐性的方式存在，被称之为隐性债务，当现收现付制向积累制转换时，其积累的债务也转向积累制，积累制要求基金与债务对应，这必然使隐藏在现收现付制度下的债务显性化。在精算方式上，养老金隐性债务是养老保险融资模式由现收现付制转向积累制时需要兑现的未来给付精算现值，或者说是养老保险计划的中止债务。

贾康（2007）指出旧制度转轨引发的隐性债务是由为“老人”支付的基本养老金和将来为“中人”支付的过渡性养老金构成的，计算养老保险隐性债务是养老保险参保人中“老人”和“中人”在现收现付体制向统账结合新体制转轨后发生和积累的一部分养老金权益，它是衡量养老保险制度所有未偿债务的一个常用指标。新人的基础养老金虽然也属于政府的责任但其负担是显性的。

段家喜（2007）指出隐性债务是养老保险制度运行过程中所积累的向

政府所取得养老金的权利价值，是现收现付制的产物，是转轨成本中重要的组成部分。

彭浩然等人（2008）研究认为养老保险隐性债务产生于现收现付制，在现收现付制下，当期退休人员领取的养老金来自于同期在职职工的缴费，同时在职职工的缴费为自己积累着未来退休后领取养老金的权利，这部分养老金权益就是养老保险制度对他们的负债，由国家的规定和强制力来保证实行，称之为隐性债务。还认为，转轨时刻显性化的隐性债务实质上就是我国养老保险制度的转轨成本。

汪朝霞（2008）指出隐性债务是会计术语，一般是指没有记录在资产负债表内，但随着时间的推移或者某种因素的改变最终会显性化的债务。所谓养老金隐性债务是指政府对养老金计划受益人所做的承诺和为养老金计划提供者所做的担保，之所以成为隐性债务是因为它相对于已经确认、计量并记录、报告的养老金债务更具有隐性化的特点。

而关于转轨成本的界定，邓大松（2001）指出养老社会保险制度的转制成本是指从现收现付制养老社会保障制度过渡到基金制或部分积累制养老社会保险制度的过程中，现收现付制对在职职工和已退休人员养老金待遇的承诺，由于转制成本并非新制度的结果，并且新制度下的职工也没有义务偿还，因此转制成本的清偿只能由制度外的其他措施解决。

刘昌平（2011）认为，现收现付制养老金制度通过代际分配对制度覆盖职工做出养老金受益承诺，参保职工的当期缴费就成为政府的借入债务，从而形成隐性养老金债务，转制成本是现收现付制改革后隐性债务显性化的成本：一方面只有当制度中止、终止或制度模式改变时隐性债务才显现出来并带来制度外财务负担；另一方面，只有当现收现付制向完全基金积累制转轨时，隐性债务才全部显现为转制成本。中国基本养老保险制度改革是从现收现付制转变为统账结合的部分积累制（现收现付制与基金积累制混合），那么只有转轨为基金积累制的那部分隐性债务才会显性化为转制成本。

“部分国有资产划转全国社保基金问题研究”课题组的研究中指出，转轨成本是一定时期内偿还旧体系的债务，“老人”的养老金和“中人”在转轨前的积累需要从其他的来源融资，因而我国养老模式的转轨，将导致隐性债务不断显性为转轨成本，转轨成本数额巨大，单独依靠财政弥补基金缺口几乎不可能。

本书采用孙祁祥（2001）的观点，转轨成本是显性化的隐性债务，隐性债务是指在现收现付制下，参保人所拥有的养老金权益。即养老金隐性债务是现收现付制向部分积累制转轨时已经退休（老人）、已经工作未退休（中人）无个人账户积累期导致的历史欠账，是转轨成本的重要组成部分。国内有些专家认为隐性债务和转轨成本虽有共同之处，但实是不同的概念，但国内外多数专家认为两者在本质上是共同的。

个人账户空账被看成转轨成本，彭浩然等（2008）认为个人账户空账是由于养老保险社会统筹基金收不抵支而挪用个人账户资金，造成个人账户有名无实所形成的空账，并未包括由于个人账户养老金计发办法不合理，个人账户余额不足以满足发放要求所形成的空账。

从现收现付制向基金积累制转轨产生的转轨成本（Transition Cost）是养老保险制度变迁所必须支付的代价，这种成本既不应该通过制度内筹资措施解决，也不可能由在职职工来承担，必须通过分离制度转轨成本，采取制度外措施加以解决。

1.2.2 养老金缺口测算研究综述

我国从20世纪90年代中后期开始逐步迈入老龄化社会，1998年国有企业改革之后，企业缴费能力普遍下降，拒缴现象频发，加之大量职工提前退休，社会保障统筹账户资金不足以支付现期养老金支出，于是个人账户资金被广泛用于弥补养老金缺口，个人账户空账和养老金缺口现象凸显。伴随着这一趋势，我国国内学者也更加关注养老金缺口测算问题。毫无疑问，养老金缺口问题的出现，很大程度上是巨额隐性债务显性化所致。因此，这里将缺口与隐性债务的测算情况一并叙述。

何平（1998）认为基金缺口即是现收现付制转变为统账结合的部分积累制后，基金需要补偿的数额，分别通过匡算和精算两种方法进行了测算，首先利用匡算的方法测算了 1996 年初（我国养老保险从现收现付制向部分积累制转变时，旧制度停运时点上）的转轨费用（账户缺口）为 14457 亿元，隐含债务为 57204 亿元。接着又采用精算方法测算了我国 1994 – 2050 年各年养老金缺口（隐含债务）的总额，结果为 28753 亿元，其中转轨费用为 13174 亿元。

房海燕（1998）认为在现收现付的承诺津贴制养老保险计划中，隐性公共养老金债务（IPD）指特定时点累积的对政府部门索取养老金的权利价值减去历年滚存的基金余额。用给付配置精算成本法在基本养老保险制度统一方案下，设置了一系列假定，如不考虑提前退休和伤残脱退因素，利率恒为 5%，男、女性“中人”平均的正常退休年龄分别为 65 岁和 60 岁等，估算我国 1997 年的 IPD 规模：测算得已离退休者的精算债务现值 12345 亿元、“中人”精算债务现值 6094 亿元，即基本养老保险总的精算债务为 18439 亿元。同期，全国企业职工养老保险基金滚存结余为 441 亿元（1995 年底），两者相互抵减，得出 1997 年我国隐性公共养老金债务规模为 17998 亿元。

路和平、杜志农（2000）在一系列参数设置基础上，利用预测模型，对我国基本养老保险基金收支平衡情况进行了长期预测（2000－2050年），结果显示基金在2028年首次出现赤字，当期赤字额为3089亿元，2031年赤字额达到峰值3808亿元，此后，赤字规模不断缩小，2050年重新出现收支顺差62亿元。将各年度赤字额简单相加，共计58941亿元。如折成1999年现值，赤字总额为11695亿元（贴现率设为4.5%）。

宋晓梧（2001）以1997年为起始点，在未来1－5年、6－10年和10年以后工资平均增长率分别为5%、4%和3%，养老金增长率为工资增长率的6%，替代率每年降低0.66%等一系列假定条件下，按照不同的退休年龄和缴费率，分不同的情况对隐性债务展开测算，得到高低不等15种债务规模。

王燕等（2001）采用可计算一般均衡（CGE）模型定量在三种模拟情景下分析了中国养老金的改革方式，模拟结果表明中国养老金体制的改革是富有希望的：情景1假定目前的体制（现收现付和名义的个人账户）保持不变，结果表明目前的现收现付体系是不可持续的；情景2假定用各种税收来支付转轨成本，在2001年建立起一个新的完全积累的商业化管理的个人账户，并逐步取消个人空账户并考虑用不同税收收入如增值税、企业所得税、个人所得税和销售税来支付转轨成本，比较了不同方案的影响，认为使用个人所得税支付转轨成本能最好地促进经济增长和减轻收入的不平等；模拟情景3分析在注入财政资金支付转轨成本后的公共养老金体系。

王积全（2005）将个人账户基金缺口划分为两个阶段，即统筹基金支付不足对个人账户积累的透支阶段和超预算期个人账户基金支付对统筹基金的反透支阶段。前一阶段是指个人账户建立之前，无个人账户的已退休人员和已参加工作人员退休以后，其养老金全部或部分由统筹基金支付，但是统筹基金本身不足，导致“统账结合，混账管理，个人账户空账运作”。后一阶段是指随着时间推移个人账户积累额逐年增加，由于提前退休、男女退休年龄不同以及长寿风险等原因，个人账户余额不足以支付养老金，此为制度即将进入的阶段。作者认为当前对后一阶段的问题普遍缺乏关注，也很少有针对这一问题的实证分析和研究。由于数据搜集困难，文章中作者仅以兰州市的情况进行了抽样调查，构建了个人账户基金缺口计算公式。认为在目前的计发办法下，个人账户基金收支平衡是不可能的。

袁志刚（2005）认为在中国一个不容忽视的趋势是城市化进程加快，城市化进程对养老保险所覆盖人口结构的影响不能不予以考虑。他的研究将中国人口动态变迁的初始状态分为城市和全国两个层面，在此基础上考虑人口从农村转移到城市，模拟城市人口和全国人口的动态变化过程，并用劳动力转移因素的城市人口年龄结构、增长模式、劳动参与率和失业率等对中国养老保险基金均衡运行的模拟。

贾康等（2007）将隐性债务定义为支付给“老人”的基本养老金和“中人”的过渡性养老金，假设1997年底为旧制度的终止年份，计算出2007年的隐性债务为1108万亿。同时，为考察养老保险债务分年度的偿还情况，该报告在假设现行的养老保险制度为静态（即没有新人加入）的情况下，计算了2007－2042年期间每一年应当支付的债务量，并提出了相关政策建议。

刘玮玮（2010）根据我国未来将农民工纳入城镇养老保险模式的思路，对我国农民工养老保险未来收支状况进行了精算分析，认为将农民工纳入基本养老保险制度有助于改变我国城镇人口的年龄结构，将转轨成本的偿付与人口老龄化带来的养老金支付压力在时间上予以错开，在短期内起到缓解我国养老金收支压力的作用。但长期来看随着农民工退休人口增加等原因，农民工养老保险未来会出现收不抵支的状况，会给整个养老保险系统带来负担。从而认为将农民工纳入养老保险系统中更多的是从社会公平的角度出发，而不应把其作为解决养老金收支压力的主要手段。

梅琼、迟文铁（2010）对缩小养老金缺口提出以下几点建议：第一，国家要正视转制成本，增加社会保障支出在财政支出比重，变现国有资产，发行长期债券；第二，做实个人账户，界定个人账户产权，延长退休年龄①。

郭永斌（2013）建立了养老保险资金缺口精算模型，利用 Matlab 软件，以 2010 年为测算基年，对我国未来 100 年间的养老保险资金缺口进行了预测，并采用敏感性分析法，分析了我国养老保险资金缺口的可持续性②。

杨欢、袁磊（2014）测算我国至 2050 年的养老保险资金缺口规模，在参考前人研究的假设与结论基础上，建立养老保险资金缺口测度模型，测算结果表明，按照现行退休年龄，我国养老保险收支盈余将于 2016 年达到峰值后逐年下降，并于 2020 年首度转为赤字，至 2050 年累计赤字规模将达到 780.45 万亿，是当年养老保险收入的 119.83%，当年 GDP 的 73.25%③。

刘学良（2014）通过建立养老保险精算评估模型，预测了 2010－2050 年中国职工和居民全口径的养老保险收支缺口和政府隐性债务，结果显示，若假定未来政府通过财政补贴方式为养老保险体系融资，则 2010－

① 梅琼、迟文铁，我国养老金缺口成因及对策分析，经济论坛，2010.9：54－56 页。

② 郭永斌，我国养老保险资金缺口的评估和可持续性分析，保险市场，2013.4：62－69 页。

③ 杨欢、袁磊，养老保险资金缺口的测度与解决方案——基于延迟退休年龄视角，保险职业学院学报，2014.6：6－12 页。

2050 年养老保险资金缺口所形成的隐性债务折现到 2010 年，总额可达 57.5 万亿元，相当于 2010 年 GDP 的 143%，而其中城镇职工养老保险形成的隐性债务占绝大部分，城乡居民养老保险隐性债务相对较小，2050 年全口径的职工和居民养老金总支出将达同期 GDP 的 13.77%，这基本接近欧洲一些高福利国家的水平①。

袁磊等（2016）通过建立人口模型测算了未来中国人口，再以养老保险收支模型模拟了未来中国城镇职工养老保险运行情况，研究了在 1.1 - 2.1 不同总和生育率指标下中国 2011 - 2050 年的养老保险体系运行状态，获得了“全面二孩”政策对相应年份养老保险当年资金缺口的影响情况。结论认为，中国未来的养老保险体系存在着资金缺口，但“全面二孩”政策的实施将在一定程度上缓解这一状况，总和生育率指标平均每上升 0.1，2050 年中国养老保险资金缺口将会减少 1.04 万亿，当年支出占收入比将会减少 4.32%，累计资金缺口将相应减少 9.05 万亿，累计资金缺口占收入比下降 30.70%②。

何军耀、陈孟婷（2017）以我国城镇职工基本养老保险收支缺口为主要研究对象，建立人口模型和养老保险精算模型，测算不同退休年龄的 2016 - 2050 年城镇职工基本养老保险收支缺口和累计结余现值，测算结果显示：在现行退休年龄机制下，目前已经出现的养老保险收支缺口有逐年扩大的趋势，2040 年以后二胎政策开始发挥效用，城镇职工基本养老保险收支缺口有所减缩；当消除普通企业女性和机关事业单位女性退休年龄的差异并将其延长至 58 岁以后，在 2050 年左右城镇职工基本养老保险的收

---

① 刘学良，中国养老保险的收支缺口和可持续性研究，中国工业经济，2014.9：25 - 37 页。

② 袁磊、尹秀、王君，“全面二孩”、生育率假设与城镇职工养老保险资金缺口，山东财经大学学报，2016.28：2，10 - 20 页。

支将基本相抵；当男女职工退休年龄同时延长至61岁以上时，城镇职工基本养老保险收支的累计结余现值将不会出现负值①。

对养老金缺口内涵的界定，是研究养老金缺口一切问题的前提，但很多研究中，并没有对此进行界定，或者进行了缺口界定的研究中，其界定差异较大。同时，针对养老金缺口的测算是一项十分复杂的工程，预测受到多种因素的综合影响，包括内涵界定、假设条件、采用的预测方法、模型的设定以及取得数据的准确程度等，以上种种因素，必然导致测算结果差别较大。另外，对养老金缺口的研究大多是针对隐性债务或转轨成本上，而对于现行养老金本身收支平衡状况的研究相对较少。

综观已有研究，只是针对我国养老金缺口某一个方面的研究，没有涉及我国整个养老保障制度的缺口全貌，不利于展开我国财政对于整个养老保障制度的承受力的分析研究，因此本书试图提出养老保障广义缺口的概念，然后试图对我国整个养老保障制度的广义缺口进行测算，并以此为基础，分析国家财政对于整个养老保障制度的承受力。

考察财政对于养老保障的承受力，单从城镇职工基本养老保险制度的考察是不够的，我国的养老保障制度分为公务员、事业单位人员养老制度、城镇职工基本养老保险制度、城乡居民社会养老保险以及灵活就业者的养老保险制度，要想考察财政对于制度的承受力，首先就要全面考察国家财政对整个养老保障制度的负担情况，然后才是承受力的问题。

我国社会保障制度的发展目标是建立城乡一体化的社会保障制度，然而现有关于养老金缺口的研究中，涉及全体农民纳入社会保障体系后养老金缺口问题的预测研究稀缺，针对事业单位改革后的养老保障问题的研究

① 何军耀、陈孟婷，基于不同退休年龄的我国城镇职工基本养老保险收支缺口的测算与分析，重庆理工大学学报（社会科学），2017（2）：32－41页。

也相对较少，而农民全体参保后的养老金缺口情况、事业单位改革后养老保险制度的情况以及统一的城乡居民社会养老保险全国推广后的情况，对于未来养老保险制度的发展、变革和持续性问题至关重要。

1.2.3 养老金缺口对策研究综述

针对我国养老金缺口如何解决这一问题，国内外众多专家学者纷纷献计献策，将主要观点进行分类，主要包括如下几种类型：

其一为认为应该加大国家财政对养老保险补助支持的力度，如贾康（2000）认为提高养老保险补助支出占财政支出的比重是市场经济条件下政府消除养老保险隐性债务的重要途径，并对扩大养老保险补助支出的可行性进行了分析和论证。朱青（2000）认为国有资产的变现不能成为开拓社会保障财源的重点，用提高增值税税率的办法为社会保障筹资不足取，开拓社会保障的筹资渠道应当注重收入的再分配，认为开拓社会保障筹资渠道最好的办法是强化个人所得税的征收，用一部分个人所得税的收入为社会保障计划筹资。

其二是认为应该变现国有资产以充实养老保险基金。代表性的有：Martin Feldstein（2004）认为中国养老保险制度由现收现付制向部分积累制转轨的成本应该由政府负担，可以通过资产变现等途径予以解决。项怀诚（2004）认为应该探索从公共资源收入中筹集社保基金的可能性。胡继晔（2004）认为，变现一部分国有资产用于社保支出是合情合理的。正是那些现在退休或者面临退休而无法缴纳社会保障费的一部分职工在我国社保体系尚未建立时创造的国有资产财富，现在将之变现，用于社保支出，是一个负责任的政府对于社会保障隐性债务进行弥补的必然选择。吴敬琏（2005）指出划转部分国有资产以补充社会保障基金的办法，可以起到缩小贫富差距、改善我国企业所有制结构以及消除社会矛盾的作用。

其三是认为采取多种途径来解决缺口问题。段家喜（2005）认为对于个人账户缺口问题主要有“小改革和大调整”两种思路，具体对策包括应适当延长职工的退休年龄、个人账户实帐化和分段引入商业化经营机制等。王利军（2008）认为应该多渠道筹集养老金，包括划拨国有资产（国有股以及部分经营性国有资产变现）、发行特种国债、开辟新的税源等等，建立与完善多层次养老保险：完善企业年金制度和大力发展个人储蓄养老保险。丛春霞（2010）通过分析认为缴费率、替代率和赡养率之间存在着互动关系，而赡养率又是退休年龄、预期寿命，以及分年龄差别死亡概率的函数。因此，缴费率、替代率、退休年龄和预期寿命之间存在互动关系，其中预期寿命对养老保险体系是不可控因素，在缴费率、替代率既定的情况下，通过推迟退休年龄，增加在职职工人数，从而降低制度赡养率，是维持现收现付制下财政平衡的必然选择。

王焕清（2012）认为要缩小缺口、解决缺口需采取以下措施：一是稳妥有效推进经济结构调整和转型升级，采取制度变革，鼓励技术进步等方式争取 GDP 以高于预测值的速度增长；二是在合适的时候放松计划生育管制，使总和生育率维持在 1.8 以上，有利于增加缴费人数，增加养老金收入来源，应对 60 年代婴儿潮及 80 年代余峰老龄化的冲击；三是适当加快城市化的速度，争取城市化以高于预测值的速度推进，将更多人纳入缴费人口，可以增加养老金的收入来源；四是采取积极措施为养老储备金做准备①。

徐晓华（2012）指出为了有效地控制甚至解决养老金缺口问题，除了

① 王焕清，我国养老保险的模式选择与基金缺口预测，统计与决策，2012. 19：154 - 157 页。

坚持增收减支，还必须从扩大养老保险实际覆盖面、实行弹性退休制度、增加政府财政投入、推进养老基金投资运营等多方面做出不懈努力①。

顾锦林（2013）分析了养老金缺口的原因，得出我国养老金缺口的主要原因是制度建设的缺失，并针对导致养老金缺口的不同原因，提出了增加个人缴费、增加战略储备金和适当延迟退休年龄等相应对策②。

蒯小明（2014）在基于个体角度的养老保险资金缺口的理论测算与影响因素分析的基础上，指出解决资金缺口可供选择的对策组合包括：提高养老保险资金的投资收益率、延缓退休年龄、提高缴费比率、增加财政性资金进行补缺等，而提高企业与个人缴费率以缓解缺口的空间有限，提高养老保险资金投资收益率是化解缺口的关键③。

刘学良（2014）研究发现提高退休和领取养老金年龄、降低养老保险替代率能起到显著降低养老金缺口的作用，而提高养老保险投资收益率、提高生育率等措施作用有限④。

曹冬梅、辜胜阻（2015）指出解决我国养老金缺口的对策包括：第一，建立科学有效的养老保险缴费激励机制，强化养老金缴费激励，积极扩大征缴范围和缴费比率，实现应参尽参、应保尽保、应收尽收；第二，增加养老金的公共财政投入，转持国有资本充实社保基金，国企上缴红利补充养老金，多方渠道补充养老金资金池；第三，优化养老金的投资运营，加强养老金的精算管理，实现养老金的保值增值；第四，有序延迟退休年龄，实行弹性退休制度，减小养老金缺口压力；第五，构建基本养老

---

① 徐晓华，中国基本养老保险金缺口的宏观控制，南开学报（哲学社会科学版），2012.5：105－112页。

② 顾锦林，我国养老金缺口原因及对策分析，改革与战略，2012.12：131－133页。

③ 蒯小明，我国养老保险资金缺口的影响因素分析，云梦学刊，2014.1：72－76页。

④ 刘学良，中国养老保险的收支缺口和可持续性研究，中国工业经济，2014.9：25－37页。

金、企业年金、个人储蓄、商业养老保险在内的多层次、多支柱养老金体系，共同分担养老金缺口压力①。

袁磊等（2016）认为一是深化改革，开源节流：一方面要拓宽资金来源渠道，加大财政支持力度，并尝试通过划拨国有资产、发行社保债券等方式补充资金池，同时继续拓宽投资渠道，保持资金安全的前提下提高社保基金收益，另一方面要减少社保资金损耗，健全法律法规，严厉杜绝资金挪用、非法套取等行为；二是继续稳步推进生育政策调整，生育政策适应了人口结构老化与生育率持续走低的现状，得到了调整，这将在一定程度上减缓了养老保险资金缺口规模加剧的趋势，在未来，中国的生育政策还应当紧密结合实际，做出灵活调整②。

何军耀、陈孟婷（2017）认为：第一，按照“男女有别，分步到位”的做法，同时延长男性和女性的退休年龄至63岁左右；第二，加快推行“养老金入市”计划，提高养老金的年均收益率；第三，平衡多层次的养老保险体系，一个完整的养老保险体系应该包括基本养老保险制度，企业补充养老保险制度和个人储蓄等多个层次③。

另外，也有学者对解决养老金缺口可以采取的对策提出了质疑。袁磊（2014）研究了延迟退休年龄能否解决养老保险资金缺口问题，建立了养老保险资金缺口测算模型，并通过对四个关键变量的动态假定设定，组合出72种不同条件，以求尽可能涵盖未来我国各种可能的经济环境，在这些条件组合下，对三种延迟退休年龄方案进行模拟，并从四个维度对结果进

① 曹冬梅、辜胜阻、方浪，老龄化背景下我国养老金缺口的对策研究，统计与决策，2015.10：63－65页。

② 袁磊、尹秀、王君，“全面二孩”、生育率假设与城镇职工养老保险资金缺口，山东财经大学学报，2016.28：10－20页。

③ 何军耀、陈孟婷，基于不同退休年龄的我国城镇职工基本养老保险收支缺口的测算与分析，重庆理工大学学报（社会科学），2017（2）：32－41页。

行分析，结果表明：延迟退休可以推迟养老保险资金缺口来临的时间窗口，并缓解养老保险资金缺口规模，但并不能解决养老保险资金缺口问题，养老保险资金缺口的解决不能仅仅依靠延迟退休年龄①。曾益（2015）运用精算模型，测算了“单独二孩”对城镇职工基本养老保险统筹基金财务状况的影响，结果表明，“单独二孩”政策有助于缓解养老保险的支付压力，但是该政策的效果要受到生育意愿和政府执行力度的影响②。

1.2.4　中国养老保障模式选择研究综述

关于中国究竟该采取何种养老保障模式，很多学者进行了相关的研究。主要观点可以分为以下三种：一种是赞成以家庭为主的养老模式；一种是支持社会养老为主的养老模式；一种是提倡自我养老为主的养老模式。社会养老是当前主流，也是我国以及世界上其他国家努力实现和不断完善的目标，当然还有一些其他观点，如唐俊（2011）认为我国应完善现有的老年津贴和基础养老金这两大享老金制度，使之与主体缴费型社会保险制度良好衔接，最终形成“享老金＋养老金”相结合的社会养老保障模式③。其他有关完善社会养老保险制度的研究，此处不做详细介绍。

支持家庭保障为主的有：刘书鹤等（1999）将老年保障体系分为社会保障、家庭保障和自我保障，认为应该重视家庭保障，使家庭保障、社会保障和自我保障并列、互补，同时应该既强调物质保障又强调精神保障。

---

①　袁磊，延迟退休能解决养老保险资金缺口问题吗？——72种假设下三种延迟方案的模拟，人口与经济，2014.4：82－93页。

②　金博轶、闫庆悦，养老保险统筹账户收支缺口省际差异研究，保险研究，2015.6：89－99页。

③　唐俊，享老金制度的成本与效益分析，经济学动态，2011.12：75－80页。
其中：享老金制度是指一国政府向符合规定条件的老年公民提供的一种现金转移支付计划，而与受益人退休前是否缴费及缴费多少没有直接关系，即世界银行研究报告中的“零支柱”。

郭庆旺（2007）指出家庭自发的养老保障可以有效地促进长期经济增长、缓解人口老龄化带来养老保障财政支付压力，同时有助于家庭关系的和谐，并使得中华民族的传统美德得到弘扬。

强调自我养老的有：叶文振（1998）将养老保障体系分为国家、集体和家庭养老三种，指出这三种养老方式对外在依赖性太强，淡化了个人保障意识，一旦外在力量枯竭，则会出现养老危机。认为应该将养老保障资金来源个人化，自我承担，养老资源管理方式社会化。郝麦收（1998）指出靠子女养老的小农养老模式、靠企业养老的计划经济养老模式和靠社会养老的西方养老模式本质上都是依赖型的养老模式，都将走向衰落。他认为应该走自我养老之路，并给出了理论依据和实现途径。王树新（2004）提出了21世纪养老的新模式：养老靠自己。认为养老靠自己模式可以分为四个层次：第一层次也是最关键的力量是个人自己；第二层次是家庭，同时指出随着家庭小型化，家庭已经很难提供过多的养老帮助；第三个层次是社会，这又包括单位和社区两个方面；第四个层次才是国家，是最后的“安全网”，其实质是政府的各项保障和救济措施。

1.2.5 社会保障与国家经济安全关联研究综述①

笔者通过大量阅读文献资料发现，国内外学术界基本没有明确的将社会保障和国家经济安全两者相结合进行的研究，只有少量的在社会保障研究中涉及到国家经济安全因素，以及在国家经济安全研究中涉及社会保障要素，以下将分别论述之。

国外学者的社会保障文献中，涉及到国家经济安全因素的研究思路主

① 顾海兵、刘杨，社会保障与国家经济安全的关联研究：评述与前瞻，学术研究，2011.9：76－84页。

要是人口老龄化问题在某种程度上导致社会保障制度的财务危机，从而对经济增长（经济增长可以看作影响国家经济安全的因素之一）产生影响，进而影响一国经济安全能力，最终可能影响国家经济安全。Jonathan Gruber（1997）的研究认为工业化国家人口老龄化越来越严重，人的寿命预期增加，而老年人退休的年龄不断降低，所有这些趋势给世界各国的社会保障制度财务偿付能力带来了越来越严重的压力，而社会保障制度规定本身，也容易导致老年劳动力人口的减少；Rowena A. Pecchenino（1999）研究了中年人所面对的孩子教育问题和老人赡养问题，论述了社会保障现收现付制度的经济影响。在各种人口学的假设下，如资本积累、教育经费、社会福利以及经济增长等，分析了社会保障税的效果，研究表明，很多情况下，社会保障挤出教育，减慢经济增长和减少社会福利；Bertholdu. Wigger（2001）对作为公共选择的结果的非累积制社会保障在内生经济增长过程中的作用进行了分析，其目的是在内生增长构架下，阐明社会保障的政治经济作用，研究表明，尽管非累积社会保障一般而言并不危害经济增长，但是却危害民主的发展，随着人口老龄化的进程，这种危害效果越来越明显；Rodrigo A. Cerda（2005）研究认为社会保障制度的财务危机是内生的，他通过内生人口统计变迁模型分析，以及劳动力供给的反面效应，即久而久之产生社会保障税率的持续上升，认为社会保障制度的财务危机是内生的，因为社会保障影响生育力和人力资本决定，进而影响经济增长率，从而导致了社会保障现收现付制财务问题，社会保障税率、人口转变和劳动力供给的关系导致了现收现付制爆发性的恶性循环，现收现付制无法维持，只能不断提高社会保障税率。

国内学者的社会保障研究中，涉及到的国家经济安全因素主要有农民社会保障问题、人口老龄化和社会保障基金缺口问题以及我国社会保障的歧视问题三个方面。农民社会保障问题可以归结为从社会保障影响社会稳定的角度展开论述，人口老龄化和社会保障基金缺口问题以及我国社会保障的歧视问题则主要是从社会保障影响经济发展角度研究，而不论是社会稳定，或是经济发展均是影响国家经济安全的重要因素。

在农民社会保障问题的研究方面，王国军（2000）认为，合理化解中国的城市化难题，使人口城市化过程与农业劳动力非农化过程同步，必须做的一项工作就是城乡社会保障制度的有机衔接，以推动农业人口的城市化。要给进城的农民提供一个最低的生活保障，让他们能够安心在一个地方工作，而不是在农村和城市间频繁流动，给交通治安带来巨大的压力，解决民工在城市中没有责任心和归属感而引发的一系列社会问题；李强（2001）认为，城市农民工的失业问题很可能对社会稳定构成潜在威胁。离乡背井的外来民工，如果在城里遇到困境、没有工作、又得不到任何社会帮助，他们就会形成城市中社会不稳定的潜在力量；刘翠霄（2001）、鲍海君和吴次芳（2002）也分别对农民的社会保障问题进行了研究，认为农民的社会保障问题对我国社会稳定至关重要。

在人口老龄化和社会保障基金缺口的研究方面，宋晓梧（2001）在分析我国社会保障制度面临的严峻形势时指出，养老保险基金不能满足人口老龄化的要求，经济发展与社会保障存在着互促与互制的关系，经济发展既决定着社会保障的发展，也在一定程度上受社会保障发展的制约，而社会保障亦反过来促进或制约着经济发展，两者之间的辩证统一，表明有效地运用资源和恰当地分摊负担及利益是同等重要的。因此，妥善处理好经济发展与社会保障的关系是事关全局的大问题，尤其需要审慎考察，力求相得益彰的双赢局面。

在我国社会保障的歧视问题方面，杨翠迎（2004）认为，中国现行社会保障制度不但不能适应经济改革的需要，反而对社会经济的全面发展具有严重的负面影响，因此，现行中国社会保障制度迫切需要统筹城乡改革。社会保障制度通过收入再分配的调节器减小贫富差距，熨平社会严重不公，以努力实现保证社会公平和促进经济发展的目标。但在实践中，中国现行一边倒式的社会保障制度的收入再分配功能严重扭曲，不但没有发挥应有的调节作用，反而因其不公进一步拉大了城乡居民的收入差距。

至于国外的国家经济安全研究中是否涉及到社会保障要素，笔者分别使用 State Security、National Economic Safety、Economic Threat 和 National Security Strategy 等相关检索词进行了广泛检索，发现国外文献中涉及到 Economic Security 和 Economic Safety，同时是我们所谓“经济安全”含义的都是中国人写的文章，并且文章数量很少。国外传统意义上的“Economic Security”基本是用来指“经济保障”，是有关健康问题、退休、失业问题等方面的经济保障，而不是我国所谓“经济安全”的含义，相关文献涉及到 Economic Security 的也都是针对社会保障的研究。我们所谓“经济安全”在国外并没有对应的名词，因此没有明确定义，是分开能源安全、产业安全等的，都归属于国家安全（National Security）、国家利益（National Welfare）范畴。用 National Security 检索，可以查到很多相关的书籍和文献，针对国家安全的学术研究很多，在涉及到日本、美国等国家安全的文献中，大多涉及三个领域，即经济安全、军事安全和政治安全，经济安全方面主要是针对资源、市场、贸易和金融等方面的研究，但没有论及社会保障要素，因此此处不进行国外研究的综述。

国内针对国家经济安全的研究中，涉及到的社会保障要素主要是从三个角度体现：第一个角度是社会保障是影响国家经济安全程度的重要因素；第二个角度为保障国家经济安全须完善社会保障制度；第三个角度是在我国国家经济安全监测和评估指标体系中，加入社会保障因子。

第一个角度方面，张如海（2000）认为应该从一个国家的内部因素和所面临的外部因素认识影响国家经济安全的主要因素，其中一国的内部因素之一是社会的安定程度，任何一个国家只有在社会安全的情况下，才有可能集中精力去发展经济，也只有经济的发展才有国家经济安全的物质基础；谢伏瞻（2001）认为个人和家庭的经济安全是同国家的经济安全紧密相关的，没有国家的经济安全就没有个人和家庭的经济安全，在中国尤其如此。当然，即使国家经济安全无忧，在繁荣发展的条件下，也还会有一部分家庭、一部分个人会受到经济安全的困扰和威胁，这也是需要特别关注和重视的。个人和家庭的经济安全涉及就业机会，收入高低，社会保障程度等诸多方面。中国国家经济安全面临的挑战之一是就业和社会保障压力；张士铨（2009）认为，以民为本的国家经济安全观，旨在建设责权利对称、促进将个人与公众利益相融合的制度。在市场化进程中，做好社会保障医疗统筹等工作的宗旨，不是由政府施惠于民，而是让民众掌握自己的命运，是政府、民众和市场都发挥各自功能，在各负其责的基础上得到总体和个体收益。

第二个角度方面，即保障国家经济安全的对策研究方面，Wang Zhengyi（2004）在论述中国应该如何面对经济中不安全因素时，建议完善社会保障制度：建立市场导向的就业机制、制定城乡就业的全局计划、优化就业结构、建立再就业服务培训中心以及健全社会保障制度，认为社会保障制度是维持社会稳定最基本的制度，应该优先发展；徐学陶（2005）认为政府为保障国民经济安全，应建立完备的社会安全体制，并以缴纳保费的社会保障为主，使人人获得可预期且可靠的基本保障而安居乐业。对少数不幸或有特殊情况的国民，则以社会救助作选择性补助。社会保险保障的水准，应以保障基本生存的假定需要为限，并以此决定保费的高低；顾海兵（2009）等从政府机构视角进行了研究，认为保障经济安全需要从政府机构视角研究，既包括短期，也包括中长期，因为机构的设立、健全是一个逐步完善的过程。社会领域，建议对民政部有关机构进行改革，部分职能放入人力资源与社会保障部，民政部改为紧急情况部。只对经济社会中发生的紧急情况进行干预和调解。还认为保障国家经济安全的短期对策侧重于政策视角的研究，在社会领域，尽快取消户籍制度、完善最低社保制度，提高农民的征地补偿标准，同时指出当前主张大力发展社会保障事业的主流观点是不现实的，由于财力不足，全民社保的实现面临很大困难，而且从目前的社保管理实践看，社会保障管理相对其众多的工作人员来说，其运行的低效率较为突出。认为从中长期看来我国经济安全保障必须走向规范化和体系化，建立健全相关法律，从总体上看应该建立《国家经济安全法》法律体系，从分领域看，在社会领域建议出台《最低保障法》，建议尽快出台《常住人口管理条例》，还认为目前应该主要抓住最低社会保障问题。

第三个角度方面，我国国家经济安全监测和评估指标体系中社会保障因子方面的研究中，顾海兵（2007）等在国家经济安全能力指标系统的子系统及指标中，引入了社会保障补助支出占财政支出比重这一指标；年志远、李丹（2008）在研究中将国家经济安全预警体系的指标分为财金安全预警指标、社会安全预警指标、外经安全预警指标、资源安全预警指标和产业安全预警指标等，认为其中社会安全预警指标应主要通过收入分配风险、失业风险、社会保障风险、经济增长风险和生态环境风险等指标反映。

综观已有的研究，不难发现，所谓社会保障和国家经济安全两者相结合的研究只是在社会保障研究中涉及到一点国家经济安全的要素，或者在国家经济安全研究中涉及到一点社会保障要素，并没有将两者相结合的深入研究，笔者在查阅文献过程中甚至没有发现针对两者关系的详细论述。国外针对社会保障和国家经济安全相结合的研究，明显少于国内，国外的国家经济安全研究中基本没有涉及到任何社会保障要素，而国外社会保障文献中涉及到的国家经济安全要素，也十分有限，并且只是从人口老龄化导致社会保障财务危机一个角度来论述，结合点单一。国内社会保障文献中涉及到经济安全的要素相对较多，包括农民社会保障问题、人口老龄化和社会保障资金缺口、我国特有的社会保障歧视等。国内国家经济安全研究中涉及到的社会保障要素也可以从社会保障是影响国家经济安全的重要因素、社会保障作为经济安全保障措施之一的制度建设问题以及经济安全监测评估指标体系中的社会保障因子三个角度来看。国内的研究相对丰富，某种程度上也跟中国社会的现实有关：我国的老龄化问题、社会保障资金的严重缺口、我国特有的城乡二元社会保障体系以及社会保障制度对不同阶层的严重歧视等。

已有研究虽然不够深入、不够全面，并且相对零散，但至少让我们认识到社会保障和国家经济安全从来就不应该是独立的、不相关的领域，两者结合着研究，不论是从世界上其他国家来看，还是单从中国来看，都确实有其现实必要性和学术意义。笔者认为，未来针对社会保障和国家经济安全相关的研究至少可以从以下几个方面进行：理论方面，社会保障与国家经济安全相关理论建设，社会保障制度方面，存在的问题对国家经济安全可能构成的影响；实证方面，有关国家经济安全的社会保障指标体系的构建，社会保障与国家经济安全关系的实证研究等。

1.2.6 经济安全监测评估指标体系构建研究综述

当前很多学者都针对我国国家经济安全监测评估指标体系的构建进行了研究。这里仅选取具有代表性的观点进行综述。赵玉川（1999）认为我国经济安全监测预警指标体系的框架应该包括金融安全、市场安全、产业安全、社会安定以及国际经济关联五个部分。

谢洪礼（2000）研究认为国民经济运行安全评价指标体系应该由实物运行安全、财政运行安全、金融运行安全评价指标组成。其中实物运行安全包括重要物资和能源安全、生产安全、产业结构安全、消费、投资等方面；财政运行安全分为财政收入、财政支出（财政支出方面的安全指标主要有：财政赤字额、赤字率、中央财政赤字依存度等）、内债和外债安全等；金融运行安全包括货币发行、信用风险、外汇储备以及国际收支等。

李金华（2001）研究中将国家经济安全监测警示系统分为6个子系统、41个指标，包括财政金融风险、产业风险、收入分配风险、市场风险、投资风险和域外风险警示系统。

余根钱（2004）将国家经济安全监测指标体系分为财政金融类安全问题、社会类经济安全问题、外经类安全问题、粮食安全、矿产资源类经济安全问题和其他问题六大类，其中财政金融类包括政府债务风险、外债风险等，具体包括国债负担率、外债偿债率等；社会类经济安全问题分为收入分配、就业和社会保险基金的支付危机，但没有设置社会保险基金支付危机的具体指标。

顾海兵、李宏梅等（2006）将国家经济安全监测评估体系划分成经济安全常规监测评估指标系统与突发监测评估指标系统两大体系，前者区分为安全条件指标系统和安全能力指标系统，安全条件指标系统又区分为定量指标和定性指标，定量指标监测体系包括空间安全、问题和主体以及外生问题三个子系统。安全能力指标系统其中包括社会风险应对能力指标，主要通过社会保障补助支出占财政支出的比重反映。

刘斌（2010）在全球化背景下对国家经济安全进行了再理解，将国家经济安全划分为三个层面，第一层面是生产力与生产关系的抽象层面，第二层面是经济体制与经济发展模式的制度层面，第三层面是国家经济安全的现象层面，在现象层面上又划分出产业安全、贸易安全、财政安全、金融安全、战略资源安全、粮食安全、人才安全和信息安全几个方面，各个方面又相应的设置了评价指标。

叶卫平（2010）重新界定了国家经济安全，是指一个国家经济战略利益无风险或低风险的状态，表现为基本经济制度和经济主权没有受到严重损害，使得经济危机的风险因素处于可控制状态。在此基础上，设计出国家经济安全的两级评价指标，一级指标为基本经济制度安全状况、经济主权安全状况、经济危机风险状况三个大方面。

已有的经济安全指标体系研究中，尽管有些涉及到社会安全类的指标，但少有将社会养老金缺口或支付危机的相关指标加入其中的研究，或有相关的研究也只是点到为止。而养老金缺口之于国家经济安全具有重要意义。因此本书中将考虑国家经济安全指标体系中养老金缺口相关指标的设置这一问题。

1.3 研究理论基础

养老保险经济学基础理论是研究养老保险问题最基本、最重要的理论，而研究养老金缺口的财政承受能力则需要养老保险制度中政府行为理论作为研究问题之基础。因此，本文以下将从养老保险经济学理论基础、学说概述及养老保险制度中政府行为理论三个方面论述养老金缺口问题研究的理论基础。

1.3.1 养老保险经济学理论基础

一、马克思、列宁的社会保险思想

马克思在《哥达纲领批判》中提到社会总产品的两次扣除：第一次扣除是在分配给个人劳动者时，包括用于补偿消费掉的生产资料的部分、用于扩大再生产的追加部分以及用于应付不幸事故、自然灾害等的后备基金或保险基金三项；第二次扣除是剩下的社会总产品作为消费资料时，在进行个人分配之前进行，包括同生产没有直接关系的一般管理费用、用于满足公共需要的部分以及为丧失劳动力的人等设立基金三项。

列宁的社会保险思想主要体现在其提出的“国家负责制理论”，其理论原则主要有以下几方面：第一，工人在一切场合丧失劳动能力或因失业而失掉工资时，国家保险给予工人保障；第二，保险涵盖一些雇佣劳动及其家属；第三，一切保险费都有企业和国家承担；第四，各种保险都由统一的保险组织办理。

二、德国新历史学派的社会保险思想

19 世纪下半叶，德国发生的经济危机引发了严重的社会问题，致使阶级矛盾突出，在此时代背景下，为了对抗马克思主义潮流，德国新历史学派的社会保险思想应运而生。

德国新历史学派的代表人物主要有施穆勒、布伦坦诺等人，主要观点包括：第一，批判“世界主义”、“经济人”的利己主义假设以及古典学派的“经济自由主义”；第二，主张国家福利改良，劳资问题属于伦理道德问题，认为国家应该直接干预经济生活，负起“文明和福利”的职责。受到德国新历史学派社会保险思想的影响，德国于1883年推出了世界上第一部关于社会保障的法律——《疾病保险法》。

三、旧福利经济学的社会保障思想

著名经济学家庇古1920年出版的《福利经济学》一书，标志着福利经济学的诞生。庇古的福利经济学思想主要来源于剑桥学派马歇尔的“消费者剩余”、“生产者剩余”等观念以及边沁的“最大多数人的最大幸福”的功利主义原则。庇古认为：国民收入总量越大，社会经济福利越大；国民收入分配越均等，社会经济福利越大。

四、新福利经济学的社会保障思想

新福利经济学的代表人物主要有美国的勒纳、萨缪尔森、柏格森以及英国的卡尔多、希克斯等。新福利经济学是建立在洛桑学派代表人物帕累托的理论——帕累托改进的基础上的，帕累托改进是指，一是使得每个社会成员的境况变好；二是在没有使任何一个社会成员境况变坏的前提下使至少一个社会成员的境况变好。新福利经济学的主要观点包括：第一，通过虚拟补偿法使受益者的所得大于受损者的所失，实现帕累托最优，从总体上增加社会福利；第二，福利本身没有任何客观标准，人与人之间的福利是不可比较的；第三，政府在追求经济增长的同时要注意改善贫富悬殊不平等现象。

五、凯恩斯国家干预主义社会保障思想

英国著名经济学家凯恩斯于1936年出版了《就业、利息与货币通论》，提出有效需求理论以及通过国家干预经济实现充分就业、促进经济增长等主张。

六、社会民主主义福利思想

社会民主主义的福利思想主要体现在：注重社会公平和社会正义，认为一个理想社会应当把福利普遍给予社会成员，使人人得到幸福，在这个过程中，国家必须担当起责任。

七、英国的贝弗里奇报告

贝弗里奇被认为是“福利国家之父”，其著名的《贝弗里奇报告》主要包括以下内容：第一，提出政府要统一管理社会保障工作；第二，设计了一整套“从摇篮到坟墓”的社会福利制度；第三，要求建立完整的强制性的社会保险制度；第四，提出社会保障应该遵循的四个基本原则，即普遍性原则、保障基本生活原则、统一原则、权利与义务对等原则。

1.3.2 养老保险经济学说概述

一、政治经济学派的养老保险经济学说

政治经济学派关于养老保险起源的理论主要有六种：第一，社会民主论。将国家建立公共养老金制度的原因归结于劳动者和资本家的斗争；第二，新马克思主义。主张公共养老保险制度能够缓解甚至消除收入分配造成的压力；第三，新工业主义。认为建立公共养老金制度的决定因素是工业化和经济发展水平；第四，新多元主义。认为包括养老保险制度在内的各种制度安排实质都是各个利益集团相互斗争的结果；第五，国家中心论。更加注重一个国家管理体制上的结构性要素对公共养老金制度的影响；第六，“反商品化”论。认为从工业革命以前的社会救济到现在社会福利都是“反商品化”运动的结果。

政治经济学派关于养老保险制度改革的主张主要有：第一，认为二战之后发展起来的以现收现付制为基础结构的养老金制度，是一种代际再分配机制，在收入分配的公平性上存在问题；第二，主张加强政府作用，对原有制度进行增强分配与再分配公平性改进，不赞同建立基金制，认为完全基金积累制成本高、负担重；第三，认为私人管理和提供安全的养老金是根本不可能的，因此不主张削弱国家对养老金制度的计划管理。

二、新古典学派的养老保险经济学说

新古典学派认为公共养老金制度主要起源于市场失灵、个人短视与父爱主义、再分配论以及公共选择理论。而针对养老金制度的改革，新古典学派的主张主要有两方面：第一，主张以基金制为基础，强化养老基金的投资能力，增强养老金的承受力；第二，主张建立多支柱的养老保险体系，将国家养老金计划的公共支持体系、强制私人经营个人账户基金制度以及自愿的个人养老储蓄相结合。由此可见，与政治经济学派相比，新古典学派更加注重养老金制度的经济绩效，顺应了发达国家摆脱财政负担的需要。

新古典学派将养老看作是消费者行为，认为消费者会出于对未来自身老年生活的需要考虑，拿出部分收入进行有利息的储蓄，新古典学派养老保险经济学说的理论基础主要有两个，分别是生命周期假说和代际交叠模型。

第一，生命周期假说。美国经济学家莫迪利安尼（F. Modigliani）和布伦伯格（R. Brumberg）的生命周期假说使得采用经济学的研究方法进行社会保障问题研究具备了理论基础：

（1）一个典型的理性消费者追求的是其生命周期内一生效用最大化，而其预算约束为其生命期内的收入与消费支出持平。

（2）一个人在一生中的不同时期收入具有明显差异，所以在高收入时期进行正储蓄和在收入低甚至没有收入的时期进行负储蓄就是使其一生效用达到最大化的必然选择。

（3）人的一生存在正储蓄和负储蓄。工作时期，收入大于消费，形成正储蓄；退休之后，没有劳动收入，因此只能用之前的储蓄来进行消费，此为负储蓄。个人储蓄在工作期呈现上升趋势，在退休期则逐渐减少。在生命结束时，工作期的正储蓄和退休期的负储蓄相等，即收入等于消费①。

莫迪利安尼没有明确社会保障的有关理论，但其生命周期假说，则可以看成是社会保障最重要的微观经济理论基础②。

第二，代际交叠模型。阿莱（Allais）及萨缪尔森（Samuelson）等人创立的代际交叠模型是以人口时间序列为基础的物质资源配置模型，该模型是研究养老保障经济学的重要理论依据，该模型的出发点是在任何一个时刻，都有不同代的人存活，每代人在其生命的不同时期和不同代人进行交易。如下图所示，在 t 时期，经济中存在着 t－1 和 t 代人，前者处于退休期，后者处于工作期，t 代人在 t＋1 期进入退休期。为了追求一生中效用的最大化，工作期更多的是消费和储蓄并存的行为，而到了退休期则会消耗掉所有的财产③。

在规模收益不变的条件下，设产量为 Y，资本为 K，劳动力为 L，则生产总量函数为：$Y = F(K, L) = Lf(k)$，其中 k 为人均资本，即 $k = K/L$。设工人的工资为 W，市场利率为 r，因工资和利率分别是劳动和资本的边际产品，因此有：

$$W = F_L(K_t, L_t) = f(k_t) - k_t f'(k_t)$$

① 陈之楚，中国社会养老保障制度研究，中国金融出版社，2010 年 3 月：19－20 页。

② 庹国柱、王国军，中国农业保险与农村社会保障制度研究，首都经济贸易大学出版社，2002 年 12 月：266－268 页。

③ 王利军，中国养老金缺口财政支付能力研究，经济科学出版社，2008 年 2 月：16－17 页。

$r = F_K(K_t, L_t) = f'(k_t)$

若不存在养老保险计划，工人去世不留遗产和债务，设 S_t 为私人意愿储蓄率，则其要达到消费效用最大化，应满足如下：

$M_{ax}U(C_t^1, C_{t+1}^2)$

$s.t.\ C_t^1 = (1 - s_t) W_t$

$C_{t+1}^2 = (1 + r_{t+1}) s_t W_t$

其中，C_t^1，C_{t+1}^2 分别表示其年轻时期和老年时期的消费①。

1.3.3 养老保险制度中的政府行为

当前养老保险制度中政府行为方面的理论，主要是针对市场失灵与政府干预以及市场机制下的公平与效率问题展开讨论的。经济学上判定资源配置是否合理或有效一般有两个标准，即效率和公平。当经济运行到最高效率时，一部分人处境的改善须要以另一部分人处境的恶化为代价，这一资源配置的状态通常称为“帕累托最优”。帕累托最优状态在实际中是不存在的，现实生活中，一部分人福利水平的提高通常是以另一部分人福利水平的下降为成本的，因此，只要“得者所得多于失者所失”，就可以看成是有效率的；经济中还需要另一准则，即公平准则，衡量公平程度的工具主要有洛仑兹曲线和基尼系数②。

西方经济学中所谓完全竞争市场只是理论上的理想状态，现实经济中不可能满足完全竞争市场的各种条件，因此通常存在市场失灵。市场失灵主要表现在公共产品的提供、垄断的存在、外部效应、信息不完全以及收

---

① 包学雄，民族自治区的养老保险（2006－2020）：国民经济学视野，中国经济出版社2006年8月，43－44页。

② 潘明星，政府经济学，中国人民大学出版社，2008年5月，第2版：1－12页。

入分配问题等方面。单靠市场机制是不可能达到"帕累托最优"状态的，因此需要政府的介入，在调整收入分配，促进社会公平、管理微观经济以及提供有利于市场机制发挥作用的宏观环境方面发挥作用。然而，与市场失灵一样，政府也会出现失灵的状况，包括政府公共政策失效、公共产品供给低效率以及寻租行为等。

关于政府是否要干预养老保障，理论界始终存在明显的分歧，一种是自由主义的观点，如 Friedman（1962）认为，基本养老保险制度须要具备三个属性：第一是具有公平性的收入再分配；第二是强制介入；第三是一种由政府来管理的制度。弗里德曼对上述三个属性分别进行了分析，最终得出基本养老保险制度不具有存在必要性的结论。他还认为，对付包括老年在内的风险，应该通过自我保障来实现，如果老年人陷入贫困，则通过慈善的方式解决，或者利用救济贫困者的"负所得税"①。另一种则是认为由于市场失灵、逆向选择以及个人短视等的存在，需要国家建立强制实行的养老保障制度。

1.4 研究内容与方法

1.4.1 研究对象与内容

本书以中国养老金缺口问题为研究对象，在现状介绍、文献综述和相关理论阐述的基础上，提出了养老保障广义缺口的概念，并针对其展开测算与对策研究，最后探索性地论述了养老金缺口与国家经济安全的关联机

---

① 钟仁耀，养老保险改革国际比较研究，上海财经大学出版社，2004 年 2 月：1 页。

制，并针对国家经济安全指标体系中养老金缺口相关指标的设置进行了探索性的研究。其中针对养老保障广义缺口的测算以及未来缺口预测方法的论述是最核心的部分，是论述的重中之重。

现将具体的结构安排叙述如下：

第一章是本书的导论部分，介绍了选题背景与研究意义，论述了养老金缺口问题研究的理论基础与研究现状，紧接着介绍了本书的具体研究内容与研究方法，以及主要创新点和不足之处。第二章介绍了我国社会养老保障的基本情况，并提出养老保障广义缺口的概述。

第三章是本书的主体部分，展开养老保障广义缺口的测算，根据涉及养老保障广义缺口的城镇职工基本养老金缺口、城乡居民社会养老保险金缺口以及事业单位养老金缺口等多个方面分别进行了测算，并提出缺口预测方法，之后，在概述我国财政收支的基本情况的基础上，分析了国家财政对养老金缺口的承受力问题。

第四章探讨的是解决中国养老金缺口的对策。在比较分析养老保障的基本方式、弥补缺口的多种途径以及各国养老金缺口对策的基础上，提出了我国解决养老金缺口的根本对策——实行最低社会养老。

第五章探索性的研究了养老金缺口与国家经济安全的关联，分析了养老金缺口影响国家经济安全的传导机制，之后研究了国际经济安全监测评估指标体系中，养老金缺口相关指标的设置问题。

最后是本书的研究结论以及进一步研究的展望。

1.4.2 研究方法

一、多学科知识有机结合。对于养老金缺口及其财政承受力的测算研究，涉及到多种学科的知识，包括宏观经济学、微观经济学、计量经济学、制度经济学、经济预测、劳动经济学、财政学、统计学、人口学、保险精算学等。

二、定量与定性研究相结合，实证研究与规范研究相结合。一方面，运用经济理论进行理论分析，提出解决养老金缺口问题的对策建议；另一方面，在多种假设条件、历史数据基础上进行了测算，将两者有机结合起来。

三、经济学理论与我国养老保障制度的具体实践相结合。在对养老金缺口研究基础理论阐述的基础上，进行我国养老保险实际缺口情况的测算，将理论应用于实践、指导实践，最后提出解决该问题的对策建议。

四、横向比较和纵向分析相结合。横向比较了主要国家养老金缺口解决的对策以及取得的效果，纵向分析了我国养老保险发展的历史进程，养老保险改革取得的效果。

1.5 创新与不足

1.5.1 主要创新点

本书的创新点主要有以下几个：

一、本书尝试性提出养老保障广义缺口的概念。综观已有研究，只是针对我国养老金缺口某一个方面的研究，没有从涉及我国整个养老保障制度的缺口全貌，不利于展开我国财政对于整个养老保障制度的承受力的分析研究，而这一研究是目前所欠缺的，对于考察我国财政未来是否具有承担整个社会养老保障体系的能力也是十分必要的。在提出广义缺口概念的基础上，区分不同的社会养老保障项目，分别对其进行广义缺口的测算，然后在分析国家财政未来增长空间的基础上，探讨了国家财政对于整个养老保障制度的承受力。

二、提出了解决养老金缺口的对策——实行最低社会养老。本书在权衡各种养老保障模式、进行国际比较以及分析解决我国养老金缺口的资金来源的基础上，认为实行最低社会养老才是相对可行的社会养老保障模式，并对其实行的可行性和具体路径进行了探讨。

三、将养老金缺口问题与国家经济安全相关联研究。社会保障制度是维护国家经济安全的一项重要经济手段，其发展情况是影响经济安全的重要因素之一，社会保障与国家经济安全两者结合研究具有重要的现实和学术意义。然而当前国内外学术界针对两者结合的研究甚少，本书探索性的研究了养老金缺口影响我国经济安全能力的传导机制以及国家经济安全监测评估指标体系中养老金缺口相关指标的设置。

1.5.2 不足之处

本书的不足之处，体现在：

一、广义缺口的测算中没有考虑养老保障行政成本问题。随着我国不断的完善社会养老保障制度，从事养老保障管理的行政人员将持续增加，而行政单位固有的问题不能从根本上得到治理，这必然使得制度的运行成本不断增加。所谓“羊毛出在羊身上”，这部分行政成本也是养老保险基金支出的组成部分，而本文在研究过程中，并没有将这部分成本考虑进去，可视为本文研究的一个缺陷。

二、个人账户空账问题没有计算在内。本研究是假设在个人账户收支平衡的基础上的，而我国的现实情况是个人账户存在严重的空账问题，据有关专家研究，个人账户的资金缺口约占到个人账户累计余额的15%以上，因此这部分也是有相当大比重的。而本研究中并没有考虑到这部分缺口，这也是未来研究中需要完善的部分。

三、国家负担的老年人养老金中用于医疗的部分没有计算在内。本书所涉及到的各项养老保险制度中国家财政负担的部分以外，老年人的社会医疗保险中，国家负担的部分也应算作本书所指的养老保障广义缺口范围内。而本书在测算中国整个社会养老保障体系产生的广义缺口的过程中，并没有针对这一部分缺口进行测算，自然低估了广义缺口的实际值。这也正是未来可以继续研究的部分。

第2章

中国社会养老保障广义缺口问题的提出

2.1 中国社会养老保障基本情况

我国当前的社会养老保障体系包括机关事业单位基本养老保险、城镇职工基本养老保险以及城乡居民基本养老保险三大块，其中城乡居民基本养老保险是合并了此前的新型农村居民社会养老保险与城镇居民社会养老保险，而机关事业单位基本养老保险也在逐步地与城镇职工基本养老保险并轨。

2.1.1 城镇职工基本养老保险概述

我国城镇职工基本养老保险制度建立于20世纪50年代初期，以1951年我国历史上第一部全国性社会保障法规——《劳动保险条例》的颁布为标志，是仿效当时苏联的“国家保险”模式建立起来的，由国家和企业按现收现付模式筹资，为职工和职工家属提供养老、医疗、工伤等劳动保险项目，对保险的覆盖范围、保险费的征集、管理和发放以及保险的项目和标准等都做出了明确的规定。国家于1953年、1956年和1958年先后进行了三次调整和修改：1953年颁布了《劳动保险条例实施细则修正案》，扩大了劳动保险的实施范围、提高了待遇标准；1956年将实施范围进一步扩大；紧接着在1958年颁布了《关于工人、职员退休处理暂行规定》和《国务院关于工人、职员退职处理暂行规定》，对职工退职和退休的待遇标准和条件进行了调整。

1966年"文化大革命"爆发，当时的劳动保险体制也遭到了破坏，1969年，我国取消了社会统筹的养老保险制度，使之成为企业保险制度，由各企业单位组织展开，仍然采用现收现付制模式，退休金待遇水平由政府统一规定。

改革开放之后，20世纪80年代初期，我国通过借鉴国外经验，并结合我国实际情况，尝试着进行了建立社会化养老保险制度的探索，包括开展城镇职工养老保险费社会统筹、养老保险缴费由企业负担转向由企业和个人共同负担等方面。但是随着我国从计划经济向市场经济的转变以及我国人口年龄结构的变化，老龄化趋势显现，以支定收的社会统筹缴费率也随之上升，在岗人员负担沉重、国家和企业负担加重，现收现付制缺陷显露，难以为继。

进入20世纪90年代，国务院相继颁发了《关于企业职工养老保险制度改革的决定》（国发［1991］33号）、《关于深化企业职工养老保险制度改革的通知》（国发［1995］6号）以及《关于建立统一的企业职工基本养老保险制度的决定》（国发［1997］26号），我国养老保险从现收现付制开始向部分积累制转变①。

1991年6月26日起施行的《国务院关于企业职工养老保险制度改革

① 关于此三个文件的具体规定，参见附录一、二、三。

的决定》（国发［1991］33 号）指出：随着经济的发展，逐步建立起基本养老保险与企业补充养老保险和职工个人储蓄性养老保险相结合的制度。改变养老保险完全由国家、企业包下来的办法，实行国家、企业、个人三方共同负担，职工个人也要缴纳一定的费用。

基本养老保险基金由政府根据支付费用的实际需要和企业、职工的承受能力，按照以支定收、略有结余、留有部分积累的原则统一筹集。具体的提取比例和积累率，由省、自治区、直辖市人民政府经实际测算后确定，并报国务院备案。

企业和职工个人缴纳的基本养老保险费分别记入《职工养老保险手册》。企业缴纳的基本养老保险费，按本企业职工工资总额和当地政府规定的比例在税前提取，由企业开户银行按月代为扣缴。企业逾期不缴，要按规定加收滞纳金。滞纳金并入基本养老保险基金。职工个人缴纳基本养老保险费，在调整工资的基础上逐步实行，缴费标准开始时可不超过本人标准工资的3%，以后随着经济的发展和职工工资的调整再逐步提高。职工个人缴纳的基本养老保险费，由企业在发放工资时代为收缴。

企业和职工个人缴纳的基本养老保险费转入社会保险管理机构在银行开设的“养老保险基金专户”，实行专项储存，专款专用，任何单位和个人均不得擅自动用。企业补充养老保险由企业根据自身经济能力，为本企业职工建立，所需费用从企业自有资金中的奖励、福利基金内提取。个人储蓄性养老保险由职工根据个人收入情况自愿参加。国家提倡、鼓励企业实行补充养老保险和职工参加个人储蓄性养老保险，并在政策上给予指导。

1995 年 3 月 17 日起施行的《国务院关于深化企业职工养老保险制度改革的通知》（国发［1995］6 号）指出：企业职工养老保险制度改革的

目标是：到本世纪末，基本建立起适应社会主义市场经济体制要求，适用城镇各类企业职工和个体劳动者，资金来源多渠道、保障方式多层次、社会统筹与个人账户相结合、权利与义务相对应、管理服务社会化的养老保险体系。基本养老保险应逐步做到对各类企业和劳动者统一制度、统一标准、统一管理和统一调剂使用基金。深化企业职工养老保险制度改革的原则是：保障水平要与我国社会生产力发展水平及各方面的承受能力相适应；社会互济与自我保障相结合，公平与效率相结合；政策统一，管理法制化；行政管理与保险基金管理分开。

基本养老保险费用由企业和个人共同负担。实行社会统筹与个人账户相结合。在理顺分配关系，加快个人收入工资化、工资货币化进程的基础上，逐步提高个人缴费比例。提高个人缴费比例的幅度，由各省、自治区、直辖市人民政府根据本地区职工工资增长等情况确定。为适应各地区的不同情况，对实行社会统筹与个人账户相结合提出两个实施办法，由地、市（不含县级市）提出选择意见报省、自治区人民政府批准，直辖市由市人民政府选择，均报劳动部备案，各地区还可以结合本地实际，对两个实施办法进行修改完善。

国家在建立基本养老保险、保障离退休人员基本生活的同时，鼓励建立企业补充养老保险和个人储蓄性养老保险。企业按规定缴纳基本养老保险费后，可以在国家政策指导下，根据本单位经济效益情况，为职工建立补充养老保险。企业补充养老保险和个人储蓄性养老保险，由企业和个人自主选择经办机构。

1997 年 7 月 16 日起施行的《关于建立统一的企业职工基本养老保险制度的决定》（国发［1997］26 号）指出：到本世纪末（20 世纪末），要基本建立起适应社会主义市场经济体制要求，适用城镇各类企业职工和个体劳动者，资金来源多渠道、保障方式多层次、社会统筹与个人账户相结合、权利与义务相对应、管理服务社会化的养老保险体系。企业职工养老保险要贯彻社会互济与自我保障相结合、公平与效率相结合、行政管理与基金管理分开等原则，保险水平要与我国社会生产力发展水平及各方面的承受能力相适应。

企业缴纳基本养老保险费的比例，一般不得超过企业工资总额的20%（包括划入个人账户的部分），具体比例由省、自治区、直辖市人民政府确定。少数省、自治区、直辖市因离退休人数较多、养老保险负担过重，确需超过企业工资总额20%的，应报劳动部、财政部审批。个人缴纳基本养老保险的比例，1997年不得低于本人缴费工资的4%，1998年起每两年提高1个百分点，最终达到本人缴费工资的8%。有条件的地区和工资增长较快的年份，个人缴费比例提高的速度应适当加快。

按本人缴费工资11%的数额为职工建立基本养老保险个人账户，个人缴费全部记入个人账户，其余部分从企业缴费中划入。随着个人缴费比例的提高，企业划入的部分要逐步降至3%。个人账户储存额，每年参考银行同期存款利率计算利息。个人账户储存额只用于职工养老，不得提前支取。职工调动时，个人账户全部随同转移。职工或退休人员死亡，个人账户中的个人缴费部分可以继承。

本决定实施后参加工作的职工，个人缴费年限累计满15年的，退休后按月发给基本养老金。基本养老金由基础养老金和个人账户养老金组成。退休时的基础养老金月标准为省、自治区、直辖市或地（市）上年度职工月平均工资的20%，个人账户养老金月标准为本人帐户储存额除以120。个人缴费年限累计不满15年的，退休后不享受基础养老金待遇，其个人账户储存额一次支付给本人。

国发［1997］26号实施前已经离退休的人员，仍按国家原来的规定发给养老金，同时执行养老金调整办法。各地区和有关部门要按照国家规定进一步完善基本养老金正常调整机制，认真抓好落实。实施前参加工作、实施后退休且个人缴费和视同缴费年限累计满15年的人员，按照新老办法平衡衔接、待遇水平基本平衡等原则，在发给基础养老金和个人账户养老金的基础上再确定过渡性养老金，过渡性养老金从养老保险基金中解决。具体办法，由劳动部会同有关部门制订并指导实施。进一步扩大养老保险的覆盖范围，基本养老保险制度要逐步扩大到城镇所有企业及其职工。城镇个体劳动者也要逐步实行基本养老保险制度，其缴费比例和待遇水平由省、自治区、直辖市人民政府参照本决定精神确定。

改革之初（20世纪90年代中期），有关专家曾反复测算人口老龄化给养老金带来的压力，结论是只要采用企业统筹账户缴费20%与个人账户缴费8%，未来50年内，在假设工资增长和储蓄利率基本同步增长，并且积累基金回报率比储蓄利率高出2%的条件下，就可以顺利渡过我国人口高峰期，甚至到2050年还会有一定比例的积累。然而，在我国养老保险体制实际运行的过程中，社会统筹和个人账户结合的部分积累制名不副实，新旧制度转轨所产生的成本导致个人账户名存实亡、空账运转、养老金缺口严重。

2005年，国务院颁发了《关于完善企业职工基本养老保险制度的决定》（国发［2005］38号）①，2005年12月3日起施行，该决定指出了完善企业职工基本养老保险制度的主要任务是：确保基本养老金按时足额发放，保障离退休人员基本生活；逐步做实个人账户，完善社会统筹与个人账户相结合的基本制度；统一城镇个体工商户和灵活就业人员参保缴费政

① 关于此文件的具体规定参见附录四。

策，扩大覆盖范围；改革基本养老金计发办法，建立参保缴费的激励约束机制；根据经济发展水平和各方面承受能力，合理确定基本养老金水平；建立多层次养老保险体系，划清中央与地方、政府与企业及个人的责任；加强基本养老保险基金征缴和监管，完善多渠道筹资机制；进一步做好退休人员社会化管理工作，提高服务水平。

针对扩大基本养老保险覆盖范围这一任务，该决定规定：城镇各类企业职工、个体工商户和灵活就业人员都要参加企业职工基本养老保险。当前及今后一个时期，要以非公有制企业、城镇个体工商户和灵活就业人员参保工作为重点，扩大基本养老保险覆盖范围。要进一步落实国家有关社会保险补贴政策，帮助就业困难人员参保缴费。城镇个体工商户和灵活就业人员参加基本养老保险的缴费基数为当地上年度在岗职工平均工资，缴费比例为 20%，其中 8% 记入个人账户，退休后按企业职工基本养老金计发办法计发基本养老金。

针对逐步做实个人账户，该决定规定：做实个人账户，积累基本养老保险基金，是应对人口老龄化的重要举措，也是实现企业职工基本养老保险制度可持续发展的重要保证。要继续抓好东北三省做实个人账户试点工作，抓紧研究制订其他地区扩大做实个人账户试点的具体方案，报国务院批准后实施。国家制订个人账户基金管理和投资运营办法，实现保值增值。

改革基本养老金计发办法：为与做实个人账户相衔接，从 2006 年 1 月 1 日起，个人账户的规模统一由本人缴费工资的 11% 调整为 8%，全部由个人缴费形成，单位缴费不再划入个人账户。同时，进一步完善鼓励职工参保缴费的激励约束机制，相应调整基本养老金计发办法。《国务院关于建立统一的企业职工基本养老保险制度的决定》（国发［1997］26 号）实施后参加工作、缴费年限（含视同缴费年限）累计满15年的人员，退休后按月发给基本养老金。基本养老金由基础养老金和个人账户养老金组成。退休时的基础养老金月标准以当地上年度在岗职工月平均工资和本人指数化月平均缴费工资的平均值为基数，缴费每满1年发给1%。个人账户养老金月标准为个人账户储存额除以计发月数，计发月数根据职工退休时城镇人口平均预期寿命、本人退休年龄、利息等因素确定。国发［1997］26号文件实施前参加工作，本决定实施后退休且缴费年限累计满15年的人员，在发给基础养老金和个人账户养老金的基础上，再发给过渡性养老金。本决定实施后到达退休年龄但缴费年限累计不满15年的人员，不发给基础养老金；个人账户储存额一次性支付给本人，终止基本养老保险关系。本决定实施前已经离退休的人员，仍按国家原来的规定发给基本养老金，同时执行基本养老金调整办法。

以上可以看出，做实个人账户是改革的核心任务。国家先后在辽宁、吉林、黑龙江、山东和河南等省份展开做实个人账户试点，而从做实个人账户的效果来看，辽宁作为我国首个做实个人账户养老保险体制改革的试点省份，于2001年开始展开尝试，而到现在，辽宁的养老金缺口已经逼近200亿元，辽宁各地不得不动用个人账户资金来支付养老金，由此可见，取得的效果与之前的愿景相距甚远。而现今这种“拆东墙补西墙”的养老支付模式，并不能从根本上解决养老金缺口问题①。

2.1.2 城乡居民基本养老保险概述

一、新型农村居民社会养老保险

在我国正式开始农村社会养老保险制度的探索以前，存在于农村地区

① 十年重回原点，辽宁养老金改革受挫，改革内参，2011.32：47页。

的社会养老保险模式主要是农村五保户制度，这一制度是对农村居民中无法定赡养人（抚养人）、无劳动能力、无生活来源的老人、残疾人和未成年人在吃、穿、住、医、葬和未成年义务教育等方面给予的生活照料和物质帮助①。其中对老人的供养，可以看成是农村社会养老的组成部分。农村五保户制度建立于 1956 年，1994 年由国家以政府法规的形式正式确定下来，2006 年，五保供养制度被正式纳入国家求助体系当中。

我国对农村社会养老保险制度的探索开始于 20 世纪 80 年代中期，如今已经有 20 多年的发展历程。1986 年民政部开始探索建立农村社会养老保险制度，1991 年，政府有计划的选择山东烟台、威海等五地展开县级农村社会养老保险试点工作。1992 年，《县级农村社会养老保险基本方案》发布，方案规定养老保险资金个人缴纳为主，集体补助为辅，国家予以政策扶持，坚持社会养老保险与家庭养老相结合，至此，农村养老保险制度开始在试点的基础上逐步在全国范围内开展。

1995 年发布的《关于进一步做好农村社会养老保险工作的意见》，指出我国农村社会养老保险事业取得了一定的发展，有条件的地区应积极稳妥的推进其发展。全国 30 多个省、自治区、直辖市的 1400 多个县开展了农村养老保险，参保者近 5000 万人，累积保险基金 32 亿元②。

然而由于 1998 年的政府机构改革，农村社会养老保险事务由民政部移交由劳动与社会保障部管理，后来全国大部分地区农村社会养老保险推进困难，参保人数下降、基金运行难度加大，1999 年，国务院指出目前农村尚不具备实行社会养老保险的条件，决定停办农村社会养老保险，鼓励有

① 童星、林闽钢，中国农村社会保障，人民出版社，2011 年 1 月：243 页。

② 米红、杨翠迎，农村社会养老保障制度基础理论框架研究，光明日报出版社，2008 年 9 月：52 页。

条件的地区逐步过渡到商业保险，之后的几年，参保人数从 1999 年的 8000 万人降至 2004 年的 5389 万①。

2009 年 9 月，国务院颁布了《关于开展新型农村社会养老保险试点的指导意见》（国发［2009］32 号）②。国务院规定，从 2009 年起开展新型农村社会养老保险试点。探索建立个人缴费、集体补助、政府补贴相结合的新农保制度，实行社会统筹与个人账户相结合，与家庭养老、土地保障、社会救助等其他社会保障政策措施相配套，保障农村居民老年基本生活。2009 年试点覆盖面为全国 10% 的县（市、区、旗），以后逐步扩大试点，在全国普遍实施，2020 年之前基本实现对农村适龄居民的全覆盖。关于参保范围规定：年满 16 周岁（不含在校学生）、未参加城镇职工基本养老保险的农村居民，可以在户籍地自愿参加新农保。

新农保基金由个人缴费、集体补助、政府补贴构成。参加新农保的农村居民应当按规定缴纳养老保险费。缴费标准目前设为每年 100 元、200 元、300 元、400 元、500 元 5 个档次，地方可以根据实际情况增设缴费档次。参保人自主选择档次缴费，多缴多得。国家依据农村居民人均纯收入增长等情况适时调整缴费档次。有条件的村集体应当对参保人缴费给予补助，补助标准由村民委员会召开村民会议民主确定。鼓励其他经济组织、社会公益组织、个人为参保人缴费提供资助。政府对符合领取条件的参保人全额支付新农保基础养老金，其中中央财政对中西部地区按中央确定的基础养老金标准给予全额补助，对东部地区给予 50% 的补助。地方政府应当对参保人缴费给予补贴，补贴标准不低于每人每年 30 元；对选择较高档次标准缴费的，可给予适当鼓励，具体标准和办法由省（区、市）人民政

---

① 数据来源：劳动和社会保障事业发展统计公报。

② 具体规定参见附录五。

府确定。

国家为每个新农保参保人建立终身记录的养老保险个人账户。个人缴费，集体补助及其他经济组织、社会公益组织、个人对参保人缴费的资助，地方政府对参保人的缴费补贴，全部记入个人账户。个人账户储存额目前每年参考中国人民银行公布的金融机构人民币一年期存款利率计息。

国家为每个新农保参保人建立终身记录的养老保险个人账户。个人缴费，集体补助及其他经济组织、社会公益组织、个人对参保人缴费的资助，地方政府对参保人的缴费补贴，全部记入个人账户。个人账户储存额目前每年参考中国人民银行公布的金融机构人民币一年期存款利率计息。个人账户养老金的月计发标准为个人账户全部储存额除以 139（与现行城镇职工基本养老保险个人账户养老金计发系数相同）。参保人死亡，个人账户中的资金余额，除政府补贴外，可以依法继承；政府补贴余额用于继续支付其他参保人的养老金。

年满 60 周岁、未享受城镇职工基本养老保险待遇的农村有户籍的老年人，可以按月领取养老金。新农保制度实施时，已年满 60 周岁、未享受城镇职工基本养老保险待遇的，不用缴费，可以按月领取基础养老金，但其符合参保条件的子女应当参保缴费；距领取年龄不足 15 年的，应按年缴费，也允许补缴，累计缴费不超过 15 年；距领取年龄超过 15 年的，应按年缴费，累计缴费不少于 15 年。

我国从 2009 年开始推行新农保试点工作，根据人力资源和社会保障部在 2011 年第二季度工作情况的通报中公布的数据，2011 年 6 月底，全国参加新农保的人数达到 1.99 亿人，领取养老金人数达到 5408 万人。而北京、重庆、浙江等九省区市已经实现了新农保制度的全覆盖①。2011 年 6

① 引自中央政府网站 http://www.gov.cn/xwfb/2011-07/26/content_1914200.htm

月20日，国务院召开全国新型农村社会养老保险试点经验交流会，决定加快新农保试点进度，计划在2012年底前实现制度全覆盖①。

二、城镇居民社会养老保险

一直以来，城镇居民养老保险制度同农村居民一样，是我国社会养老保险制度没有涉足的地方，除了国家作为社会救济而设立的最低生活保障制度等，基本是靠自我养老、家庭养老的方式来满足老年生活需要。

2011年6月，国务院发布了《国务院关于开展城镇居民社会养老保险试点的指导意见》（国发［2011］18号），该指导意见规定从2011年7月1日起展开城镇居民社会养老保险的试点工作，在2012年基本实现城镇居民养老保险制度全覆盖②。

国发［2011］18号指出，建立个人缴费、政府补贴相结合的城镇居民养老保险制度，实行社会统筹和个人账户相结合，与家庭养老、社会救助、社会福利等其他社会保障政策相配套，保障城镇居民老年基本生活。2011年7月1日启动试点工作，实施范围与新型农村社会养老保险试点基本一致，2012年基本实现城镇居民养老保险制度全覆盖。

年满16周岁（不含在校学生）、不符合职工基本养老保险参保条件的城镇非从业居民，可以在户籍地自愿参加城镇居民养老保险。城镇居民养老保险基金主要由个人缴费和政府补贴构成。参加城镇居民养老保险的城镇居民应当按规定缴纳养老保险费。缴费标准目前设为每年100元、200元、300元、400元、500元、600元、700元、800元、900元、1000元10个档次，地方人民政府可以根据实际情况增设缴费档次。参保人自主选择

---

① 人民日报，在本届政府任期内基本实现城镇居民社会养老保险和新农保两项制度全覆盖，2011年6月21日03版。

② 试点方案具体规定参见附录七。

档次缴费，多缴多得。国家依据经济发展和城镇居民人均可支配收入增长等情况适时调整缴费档次。政府对符合待遇领取条件的参保人全额支付城镇居民养老保险基础养老金。其中，中央财政对中西部地区按中央确定的基础养老金标准给予全额补助，对东部地区给予 50% 的补助。地方人民政府应对参保人员缴费给予补贴，补贴标准不低于每人每年 30 元；对选择较高档次标准缴费的，可给予适当鼓励，具体标准和办法由省（区、市）人民政府确定。

国家为每个参保人员建立终身记录的养老保险个人账户。个人缴费、地方人民政府对参保人的缴费补贴及其他来源的缴费资助，全部记入个人账户。个人账户储存额目前每年参考中国人民银行公布的金融机构人民币一年期存款利率计息。

养老金待遇由基础养老金和个人账户养老金构成，支付终身。中央确定的基础养老金标准为每人每月 55 元。地方人民政府可以根据实际情况提高基础养老金标准，对于长期缴费的城镇居民，可适当加发基础养老金，提高和加发部分的资金由地方人民政府支出。个人账户养老金的月计发标准为个人账户储存额除以 139（与现行职工基本养老保险及新农保个人账户养老金计发系数相同）。参保人员死亡，个人账户中的资金余额，除政府补贴外，可以依法继承；政府补贴余额用于继续支付其他参保人的养老金。

参加城镇居民养老保险的城镇居民，年满 60 周岁，可按月领取养老金。城镇居民养老保险制度实施时，已年满 60 周岁，未享受职工基本养老保险待遇以及国家规定的其他养老待遇的，不用缴费，可按月领取基础养老金；距领取年龄不足 15 年的，应按年缴费，也允许补缴，累计缴费不超过 15 年；距领取年龄超过 15 年的，应按年缴费，累计缴费不少于 15 年。

三、城镇和农村居民社会养老保险的合并

2014 年，国务院颁布了《国务院关于建立统一的城乡居民基本养老保险制度的意见》（国发［2014］8 号），我国开始将新型农村社会养老保险和城镇居民社会养老保险整合成全国范围内统一的城乡居民基本养老保险①。

国发［2014］8 号指出：坚持和完善社会统筹与个人账户相结合的制度模式，巩固和拓宽个人缴费、集体补助、政府补贴相结合的资金筹集渠道，完善基础养老金和个人账户养老金相结合的待遇支付政策，强化长缴多得、多缴多得等制度的激励机制，建立基础养老金正常调整机制，健全服务网络，提高管理水平，为参保居民提供方便快捷的服务。“十二五”末，在全国基本实现新农保和城居保制度合并实施，并与职工基本养老保险制度相衔接。2020 年前，全面建成公平、统一、规范的城乡居民养老保险制度，与社会救助、社会福利等其他社会保障政策相配套，充分发挥家庭养老等传统保障方式的积极作用，更好保障参保城乡居民的老年基本生活。

年满 16 周岁（不含在校学生），非国家机关和事业单位工作人员及不属于职工基本养老保险制度覆盖范围的城乡居民，可以在户籍地参加城乡居民养老保险。城乡居民养老保险基金由个人缴费、集体补助、政府补贴构成。参加城乡居民养老保险的人员应当按规定缴纳养老保险费。缴费标准目前设为每年 100 元、200 元、300 元、400 元、500 元、600 元、700 元、800 元、900 元、1000 元、1500 元、2000 元 12 个档次，省（区、市）人民政府可以根据实际情况增设缴费档次，最高缴费档次标准原则上不超过当地灵活就业人员参加职工基本养老保险的年缴费额，并报人力资源社

① 具体规定详见附录八。

会保障部备案。人力资源社会保障部会同财政部依据城乡居民收入增长等情况适时调整缴费档次标准。参保人自主选择档次缴费，多缴多得。有条件的村集体经济组织应当对参保人缴费给予补助，补助标准由村民委员会召开村民会议民主确定，鼓励有条件的社区将集体补助纳入社区公益事业资金筹集范围。鼓励其他社会经济组织、公益慈善组织、个人为参保人缴费提供资助。补助、资助金额不超过当地设定的最高缴费档次标准。政府对符合领取城乡居民养老保险待遇条件的参保人全额支付基础养老金，其中，中央财政对中西部地区按中央确定的基础养老金标准给予全额补助，对东部地区给予 50% 的补助。地方人民政府应当对参保人缴费给予补贴，对选择最低档次标准缴费的，补贴标准不低于每人每年 30 元；对选择较高档次标准缴费的，适当增加补贴金额；对选择 500 元及以上档次标准缴费的，补贴标准不低于每人每年 60 元，具体标准和办法由省（区、市）人民政府确定。对重度残疾人等缴费困难群体，地方人民政府为其代缴部分或全部最低标准的养老保险费。

国家为每个参保人员建立终身记录的养老保险个人账户，个人缴费、地方人民政府对参保人的缴费补贴、集体补助及其他社会经济组织、公益慈善组织、个人对参保人的缴费资助，全部记入个人账户。个人账户储存额按国家规定计息。

城乡居民养老保险待遇由基础养老金和个人账户养老金构成，支付终身。中央确定基础养老金最低标准，建立基础养老金最低标准正常调整机制，根据经济发展和物价变动等情况，适时调整全国基础养老金最低标准。地方人民政府可以根据实际情况适当提高基础养老金标准；对长期缴费的，可适当加发基础养老金，提高和加发部分的资金由地方人民政府支出，具体办法由省（区、市）人民政府规定，并报人力资源社会保障部备案。个人账户养老金的月计发标准，目前为个人账户全部储存额除以139（与现行职工基本养老保险个人账户养老金计发系数相同）。参保人死亡，个人账户资金余额可以依法继承。

养老保险待遇领取条件：参加城乡居民养老保险的个人，年满60周岁、累计缴费满15年，且未领取国家规定的基本养老保障待遇的，可以按月领取城乡居民养老保险待遇。新农保或城居保制度实施时已年满60周岁，在本意见印发之日前未领取国家规定的基本养老保障待遇的，不用缴费，自本意见实施之月起，可以按月领取城乡居民养老保险基础养老金；距规定领取年龄不足15年的，应逐年缴费，也允许补缴，累计缴费不超过15年；距规定领取年龄超过15年的，应按年缴费，累计缴费不少于15年。城乡居民养老保险待遇领取人员死亡的，从次月起停止支付其养老金。有条件的地方人民政府可以结合本地实际探索建立丧葬补助金制度。社会保险经办机构应每年对城乡居民养老保险待遇领取人员进行核对；村（居）民委员会要协助社会保险经办机构开展工作，在行政村（社区）范围内对参保人待遇领取资格进行公示，并与职工基本养老保险待遇等领取记录进行比对，确保不重、不漏、不错。

到2017年底，全国参加城乡居民养老保险制度的总人数已经达到51255万人，使全国参加各类基本养老保险的总人数突破9亿人大关，参保率达到85%以上，成为世界上养老保险制度覆盖人数最多的国家，2017年底享受城乡居民养老保险待遇的总人数已经增加到15598万人，月人均养老金125元，其中：由各级财政支付的基础养老金增加到113元，由中央财政支付的养老金人均达到70元，基础养老金水平比试点初期增长超过一倍，占城乡居民人均养老金的90%以上①。

2.1.3　机关事业单位养老保险概述

事业单位是指国家为了社会公益目的，由国家机关举办或者其他组织利用国有资产举办的，从事教育、科技、文化、卫生等活动的社会服务组织②。事业单位的出现具有其特殊的历史背景：新中国成立之初的计划经济体制下，为了适应社会主义建设事业的发展和满足人民群众精神文化生活的需要，国家投入经费，设立了一系列从事教育、科学、文化、卫生、广播电视、社会福利等领域社会服务的社会组织。由于这类社会组织设立的社会公益性质，使其既不同于国家机关、社会团体，也不同于企业，于是将其统称为事业单位。因此可以说事业单位是我国特有的一种公益性社会组织，按国家是否给予财政补助及补助的比例大小，可将事业单位分为全额拨款事业单位、差额拨款事业单位和自收自支事业单位。

事业单位养老保险制度是我国社会保障制度的重要组成部分，涉及到我国约4000万事业单位工作人员的养老保障问题。1951年，我国历史上第一部全国性社会保障法规——《中华人民共和国劳动保险条例》颁布，这标志着我国城镇基本养老保险制度初步建立起来，但是国家机关和事业单位职工的社会保险制度并没有执行《中华人民共和国劳动保险条例》，而是由单行法规和条例的形式逐步形成，多数人员实行供给制，对其养老、疾病、工伤等各方面的困难由组织保证供给。

---

① 金维刚，城乡居民养老保险跨入新时代，中华人民共和国中央人民政府网 http：//www. mohrss. gov. cn/SYrlzyhshbzb/zcfg/SYzhengcejiedu/201804/t20180402_ 291432. html

② 中华人民共和国中央人民政府网 http：//www. gov. cn/zwgk/2005 －05/23/content_ 227. htm

1955 年，国务院颁布了《国家机关工作人员退休处理暂行办法》和《国家机关工作人员退职处理暂行办法》，规定了退休职工的待遇标准。而后，又于 1956 年对国家机关工作人员退休和工作年限计算等问题做出了补充规定。当时，由人事部负责国家机关事业单位养老保险的管理工作，机关工作人员的养老金由国家机关的行政经费支付，而事业单位工作人员的养老金由事业经费直接支付。

1958 年初，国务院颁布了《关于工人、职员退休处理的暂行规定》和《关于工人、职员退职处理的暂行规定》，统一了企业工人和机关职工的退职条件和待遇标准。随后，文化大革命爆发，致使我国刚刚建立不久的社会保障制度遭受重创。

1978 年国务院颁布了《关于安置老弱病残干部的暂行办法》，将机关事业单位干部和企业工人的退休办法再次分开拟定，根据该规定，国家机关工作人员退休以后，其基础工资和工龄工资按本人原标准的全额计发，职务工资和级别工资两项之和按规定比例计发，1980 年，国务院颁布了《关于老干部离职休养的暂行规定》，1982 年又颁布了《关于老干部离职休养制度的几项规定》，规定要求对于离休人员，其离休金按离休时工资的 100% 计发，以上三个文件的相关规定，至今仍然适用。

1988 年，国家重新组建了人事部和劳动部，并规定机关事业单位人员养老保障由人事部主管。20 世纪 90 年代，我国开始探索展开事业单位养老保险制度的改革。1992 年，人事部下发《人事部关于机关、事业单位养老保险制度改革有关问题的通知》，同年 6 月开始，辽宁等地人事部门相继下发有关机关事业单位社会保险改革问题的文件，但由于多方面原因，这一时期机关事业单位职工的养老保险制度改革没有全国范围的启动，机关事业单位仍然维持着离退休养老制度，养老待遇由国家全包，个人不用负担任何养老费用。最终并没有形成全国性的改革方案，改革失败。

1998 年，劳动和社会保障部成立，将包括公务员和事业单位工作人员在内的全体社会职工社会保险工作划归其负责。与此同时，国务院要求各地探索进行机关事业单位养老保险制度改革。目前，我国大部分机关事业单位的离退休养老制度是根据《国务院关于完善城镇社会保障体系试点方案》的规定执行的，即公务员（含参照国家公务员制度管理的事业单位人员）的现行养老制度仍维持不变，全部由财政供款的事业单位仍维持现行的养老保险制度。经过一系列的改革，一小部分的事业单位养老保险改由国家、单位和个人三方共同负担。

2008 年 2 月 29 日，国务院常务会议通过了《国务院关于印发事业单位工作人员养老保险制度改革试点方案的通知》（国发［2008］10 号）①。根据国发［2008］10 号文件内容，国务院决定，在山西省、上海市、浙江省、广东省、重庆市先期开展试点，与事业单位分类改革试点配套推进。未进行试点的地区仍执行现行事业单位退休制度。改革的主要内容有：实行社会统筹与个人账户相结合的基本养老保险制度。基本养老保险费由单位和个人共同负担，单位缴纳基本养老保险费（以下简称单位缴费）的比例，一般不超过单位工资总额的 20%，具体比例由试点省（市）人民政府确定，因退休人员较多、养老保险负担过重，确需超过工资总额 20% 的，应报劳动保障部、财政部审批。个人缴纳基本养老保险费（以下简称个人缴费）的比例为本人缴费工资的 8%，由单位代扣。个人工资超过当地在岗职工平均工资 300% 以上的部分，不计入个人缴费工资基数；低于当地在岗职工平均工资 60% 的，按当地在岗职工平均工资的 60% 计算个人缴费工资基数。按本人缴费工资 8% 的数额建立基本养老保险个人账户，全部

① 试点方案具体规定参见附录六。

由个人缴费形成。做实个人账户的起步比例为3%，以后每年提高一定比例，逐步达到8%。有条件的试点省（市）可以适当提高起步比例。个人账户储存额只能用于本人养老，不得提前支取。参保人员死亡的，其个人账户中的储存余额可以继承。

文件规定基本养老金的计发办法如下：方案实施后参加工作、个人缴费年限（含视同缴费年限，下同）累计满15年的人员，退休后按月发给基本养老金。基本养老金由基础养老金和个人账户养老金组成，退休时的基础养老金月标准以当地上年度在岗职工月平均工资和本人指数化月平均缴费工资的平均值为基数，缴费每满1年发给1%。个人账户养老金月标准为个人账户储存额除以计发月数，计发月数根据本人退休时城镇人口平均预期寿命、本人退休年龄、利息等因素确定。方案实施前参加工作、实施后退休且个人缴费年限累计满15年的人员，按照合理衔接、平稳过渡的原则，在发给基础养老金和个人账户养老金的基础上，再发给过渡性养老金。具体标准由各试点省（市）人民政府确定，并报劳动保障部、财政部备案。方案实施后达到退休年龄但个人缴费年限累计不满15年的人员，不发给基础养老金；个人账户储存额一次性支付给本人，终止基本养老保险关系。方案实施前已经退休的人员，继续按照国家规定的原待遇标准发放基本养老金，参加国家统一的基本养老金调整。

此次改革试点方案的推出，引起了社会各界的广泛讨论，一种观点认为事业单位养老保险制度改革是必然趋势，这一改革有利于促进公平，减轻国家财政负担，同时有利于提高事业单位的效益；另一种观点认为，此次改革只改事业单位，没有涉及公务员，并且改革的结果会导致事业单位人员福利的降低，引起事业单位任职人员的不满，结果导致提前退休现象严重，社会就业秩序混乱；还有一种观点认为，事业单位养老保险制度改革本身无可厚非，但是对于这样一项涉及人口众多的改革，应该慎重，并且要充分汇集民意，同时，选择适当的时机展开。

2015年国务院出台了《国务院关于机关事业单位工作人员养老保险制度改革的决定》（国发［2015］2号）①，规定了机关事业单位与城镇职工基本养老保险并轨的具体政策法规，实现机关事业单位养老保险制度与城镇职工基本养老保险制度的衔接。

国发［2015］2号规定改革针对按照公务员法管理的单位、参照公务员法管理的机关（单位）、事业单位及其编制内的工作人员的养老保险制度，实行社会统筹与个人账户相结合的基本养老保险制度。基本养老保险费由单位和个人共同负担。单位缴纳基本养老保险费的比例为本单位工资总额的20%，个人缴纳基本养老保险费的比例为本人缴费工资的8%，由单位代扣。按本人缴费工资8%的数额建立基本养老保险个人账户，全部由个人缴费形成。个人工资超过当地上年度在岗职工平均工资300%以上的部分，不计入个人缴费工资基数；低于当地上年度在岗职工平均工资60%的，按当地在岗职工平均工资的60%计算个人缴费工资基数。个人账户储存额只用于工作人员养老，不得提前支取，每年按照国家统一公布的记账利率计算利息，免征利息税。参保人员死亡的，个人账户余额可以依法继承。

改革基本养老金计发办法。决定实施后参加工作、个人缴费年限累计满15年的人员，退休后按月发给基本养老金。基本养老金由基础养老金和个人账户养老金组成。退休时的基础养老金月标准以当地上年度在岗职工月平均工资和本人指数化月平均缴费工资的平均值为基数，缴费每满1年发给1%。个人账户养老金月标准为个人账户储存额除以计发月数，计发

① 具体规定详见附录九。

月数根据本人退休时城镇人口平均预期寿命、本人退休年龄、利息等因素确定。决定实施前参加工作、实施后退休且缴费年限（含视同缴费年限，下同）累计满 15 年的人员，按照合理衔接、平稳过渡的原则，在发给基础养老金和个人账户养老金的基础上，再依据视同缴费年限长短发给过渡性养老金。具体办法由人力资源社会保障部会同有关部门制定并指导实施。决定实施后达到退休年龄但个人缴费年限累计不满 15 年的人员，其基本养老保险关系处理和基本养老金计发比照《实施〈中华人民共和国社会保险法〉若干规定》（人力资源社会保障部令第 13 号）执行。决定实施前已经退休的人员，继续按照国家规定的原待遇标准发放基本养老金，同时执行基本养老金调整办法。机关事业单位离休人员仍按照国家统一规定发给离休费，并调整相关待遇。

2.2 中国社会养老保障广义缺口内涵界定①

目前学术界对养老金缺口的概念界定不一，有的模糊不清，甚至有些研究中根本没有给出其概念。内涵界定的不同是导致测算对象和测算结果存在较大差异的根本原因。笔者认为，不论已有研究中是否给出缺口的概念，学术界对于缺口的理解主要可以分为以下两种：一为泛指养老保险制度中资金短缺的部分，如有的研究中将个人账户的空账称为缺口，有的将隐性债务称为缺口，有的单纯是指精算缺口，还有的是指个人账户缺口、社会统筹账户缺口；二为当期缺口的概念，即某一个时期内，养老保险制度运行中，基金收入与支出之间的差额。

---

① 刘杨，中国广义养老金缺口研究初探，人力资源管理，2015 年第 8 期：233 页。

少数研究中给出了缺口概念，我国国内学者针对养老金缺口的界定主要有以下几种：何平（1998）认为基金缺口是“社会统筹”、“现收现付”基金管理方式转换为“统账结合”、“部分积累”基金管理方式后，基金需要补偿的数额，国外使用“隐性债务”的概念。而转轨费用是指显性化的个人账户中没有积累基金支撑的那部分隐含债务。曾毅（2005）指出退休金缺口率是指当年退休金缴费总额与当年应发退休金总额之差，并未包括隐性债务，隐性债务是投保职工的退休金总权益（包括未来退休金发放）与保险基金的总资产（包括未来收入）的贴现值的差额。王积全（2005）研究认为，我国养老金个人账户缺口的演变分为两个阶段，一个阶段是制度转轨时，存在大量无个人账户的已退休人员（“老人”）和已参加工作（“中人”），其退休金全部或部分由统筹基金支出，由于统筹基金不足，于是不断透支个人账户积累，造成空账缺口；另一个阶段是支付缺口，即目前统一采取职工个人账户储存额除以 120 的方法确定月个人账户养老金支付，那些提前退休人员、女性退休人员和长寿人员的个人账户养老金支付就会超过其本人退休前个人账户的积累以及投资收益。制度很快就要运行到这一阶段。段家喜（2007）将基金缺口定义为制度运行各个时期基金收入与支出之间的差额，是各期需要偿付的显性化债务以及各期的精算缺口。

综上，当前学术界针对养老金缺口的研究，尽管概念界定有所不同，导致测算对象和结果产生巨大的差异，但大都是单纯针对城镇职工基本养老保险制度，有些人研究中，在对缺口测算的基础上，同时考虑了财政对其承受能力问题，这只是考察财政对于整个养老保障体系承受力问题的一个方面。笔者认为，在考察我国财政是否对整个社会养老保障体系具有足够的承受力时，单从城镇职工养老保险制度这一项缺口来考虑是不够的，也是目前研究中所欠缺的，因此本书提出了养老保障广义缺口的概念。

广义是针对狭义而言的，事物定义适用的范围有大有小，大者为广义，小者为狭义。由本义而推广原意，趋向于一般化，此为广义。一般而言，中文中的缺口有三种基本含义：其一为缺嘴、缺唇，对应英语中“harelip”一词；其二为物体边沿上缺掉一块所形成的空隙，也泛指不完整之处，对应英语中“breach”一词；其三泛指事物短缺的部分，对应英语中“gap”一词。养老保障的缺口自然取其第三种释义。针对养老保障而言，缺口分为累积缺口和当期缺口、广义缺口和狭义缺口，还可以具体区分为针对不同群体的养老保障项目的缺口。

养老保障广义缺口（Generalized Pension Gap）泛指养老保障体系中没有资金来源或者需要国家财政承担的部分。在当前我国社会养老保障体系中，当养老支付资金不足时，国家是以最后兜底人的身份出现的，在这种意义上理解，养老保障广义缺口也就是某一年国家财政需要为国民养老保障负担多少钱。而从当前我国社会养老保障不同的项目来看，养老保障广义缺口应该包括某年城镇职工基本养老保险制度收支缺口、城乡居民基本养老保险制度中财政负担的部分、机关事业单位离退休费支出、城乡社会救济中财政用于养老部分的支出以及灵活就业人员等的社会养老保障中财政负担的部分。而某年城镇职工基本养老保险制度收支缺口，为狭义缺口。不论是养老保障广义缺口还是狭义养老金缺口均取其当期缺口的概念，包括当期已经显性化了的那部分隐性债务，并没有考虑总的制度转轨形成的隐性债务。

第 3 章

中国社会养老保障广义缺口测算

从当前我国社会养老保障不同的项目来看，养老保障广义缺口应该涵盖某年城镇职工基本养老保险制度收支缺口、城乡居民社会养老保险制度中财政负担的部分、机关事业单位离退休费支出、城乡社会救济中财政用于养老部分的支出等。本章将根据已有的数据，各项制度在全国范围内实施的基础上，分别对不同的社会养老保险项目的所谓缺口进行相应的测算、加总，从而测算当前中国养老保障广义缺口的数值。

3.1 城镇职工基本养老金缺口测算

3.1.1 当前缺口测算

当前我国城镇职工基本养老保险制度实行的是社会统筹账户与个人账户相结合的部分积累制。社会统筹账户实行现收现付制，即当期收入支付当期支出，以支定收，基本没有资金积累，强调当期横向平衡；个人账户实行的是基金积累制，即个人账户的资金数额决定未来领取个人账户养老金金额，强调个人财务长期纵向的平衡。

而在我国城镇职工基本养老保险制度从现收现付制向部分积累制转轨的过程中，现收现付制下形成的隐性债务逐渐显性化，即逐渐从隐性债务转变为需要现期偿还的债务。改革之初，转制成本被设计由社会统筹账户承担，而社会统筹账户具有现收现付的性质，没有资金积累，随着人口老龄化以及退休人口数的增加，社会统筹基金收不抵支，形成了规模庞大的统筹资金缺口。

与社会统筹账户相比，个人账户由于采取的是基金积累制，因此从制度本身来看并不存在缺口问题，然而在社会统筹账户没有资金来源的情况下，挪用个人账户资金，导致个人账户空账问题愈发严重。可见，个人账户的空账是社会统筹账户缺口所致。

另外，制度设计涉及到一个精算平衡的问题，如当前制度设计个人账户养老金的月领取标准是用个人账户积累总额除以 120，即按照 10 年的平均余命来计发的，考虑到利率和投资收益率的因素，有学者测算个人账户的支付能力至多不超过 15 年，而只要有参保者活过精算确定的平均寿命，个人账户就会出现缺口①。如此看来，个人账户也存在严重缺口问题，但是国家在不断地展开做实个人账户试点，尽管成效不明显，但是这一缺口的补足发生在被保险人个人账户养老金开始领取到领取完的一段时间内，从这个意义上讲，补足可以滞后一段时间。

综上，考虑到数据的可获得性和准确度，本文测算的年份设定为 2015 年，因此对城镇职工基本养老保险制度缺口的研究只涉及社会统筹账户缺口部分，只进行社会统筹账户部分缺口的测算，即现收现付部分的年度收

---

① 王积全，基本养老保险个人账户基金缺口实证研究，甘肃社会科学，2005 年第 3 期：36－39 页。

支差额问题，不考虑个人账户已经形成的空账规模以及精算缺口。

用 G_i 表示第 i 年的养老金缺口，D_i 表示第 i 年养老金的需求，即当年养老金支出，S_i 表示第 i 年养老金的供给，即当年养老金收入，则当期养老金广义缺口的测算模型可表示为：

$$G_i = S_i - D_i \quad \text{（公式 3.1）}$$

i = 2015，根据可获得的数据，2015 年城镇职工基本养老保险费收入 21096 亿元，比上年增加 2370 亿元，增长 12.7%，完成预算的 107.9%；基本养老金支出 22227 亿元，比上年增加 3182 亿元，增长 16.7%，完成预算的 102.4%①。得到 2015 年我国城镇职工基本养老保险的广义缺口值为：

$$21096 - 22227 = -1131 \text{（亿元）}$$

3.1.2 缺口预测方法

在假定我国城镇职工基本养老保险制度的整体框架不发生大的改变的前提下，根据文章附录中相关制度的规定，可以构建当前部分积累制下社会统筹账户养老金缺口估算模型。

根据公式 3.1 的当期养老金缺口的估算模型：$G_i = S_i - D_i$，可以进一步将第 i 年的养老金收入和支出表示为：

第 i 年的养老金收入可以表示为：

$$S_i = S_t\ (w_i,\ n_i,\ p_i,\ c_i,\ j_t) = w_i \times n_i \times p_i \times c_i \times j_i \quad \text{（公式 3.2）}$$

第 i 年的养老金支出可以表示为：

$$D_i = D_i\ (w_i,\ t_i,\ r_i,\ j_t) = w_i \times t_i \times r_i \times j_i \quad \text{（公式 3.3）}$$

① 财政部社会保障司，关于 2015 年全国社会保险基金决算的说明，财政部网站 http://sbs.mof.gov.cn/zhengwuxinxi/shujudongtai/201611/t20161109_2454300.html

则养老金缺口估算模型为：

$$G_i = w_i \times n_i \times p_i \times c_i \times j_i - w_i \times t_i \times r_i \times j_i \qquad \text{(公式 3.4)}$$

其中：w_i 表示第 i 年城镇职工平均工资；

t_i 表示第 i 年养老金替代率；

r_i 表示第 i 年退休职工总人数；

n_i 表示第 i 年养老金征缴率；

p_i 表示第 i 年养老金缴费率；

c_i 表示第 i 年在职职工总人数；

j_i 表示第 i 年的参保率。

当 $G_i < 0$ 时，说明第 i 年养老金存在缺口，G_i 数值越大，则说明缺口数额越大，反之越小；当 $G_i = 0$ 时，表明当期养老金供求平衡，不存在缺口；当 $G_i > 0$ 时，则说明当期养老金供大于求，即当期养老金盈余。

可见，未来养老金缺口的大小主要取决于养老金缴费率、征缴率、替代率、社会平均工资增长率以及参保的在职职工人数和退休职工人数等因素。因此，若要预测未来某一时间内的养老金缺口，须首先得到以上各项参数的数值，然后再进行计算。具体参数设置如下：

一、养老金征缴率

这里所谓养老金征缴率是指实际征缴的养老金数额与按照制度参保情况理应收取数额之间的比率，主要是因为我国养老保险制度运行过程中，企业通过隐瞒工资总额、转移银行账户等方式逃缴，甚至拖延、拒缴养老金，个人也存在逃费现象，导致养老金实际收取金额与理论应收取金额的差异。当然，收缴率达到 100% 是不现实的，因为即便是制度相对完善的发达国家，也不可能达到 100%。

征缴率 = 期内实际征缴基金总额 ÷ 期内应征缴基金总额 ×100%

可采用以下估算方法：

征缴率 = 年度养老金收入 ÷ （在职参保人数 × 在岗职工平均工资 × 28%） × 100%

二、养老金缴费率

缴费率体现的是养老保险缴费与职工工资收入的比例关系。

养老金缴费率 = 养老保险缴费 ÷ 职工工资收入 × 100%

我国1997年颁发的《国务院关于建立统一的企业职工基本养老保险制度的决定》规定：企业缴纳基本养老保险费的比例一般不得超过工资总额的20%（包括划入个人账户的部分），个人缴纳基本养老保险费的比例，1997年不得低于本人缴费工资的4%，1998年起每两年提高1%，最终达到本人缴费工资的8%。按照本人缴费工资的11%为职工建立基本养老保险个人账户，个人缴费全部划入个人账户，其余部分从企业缴费中划入。2005年颁布的《国务院关于完善企业职工基本养老保险制度的决定》规定，从2006年1月1日起，个人账户的规模统一由本人缴费工资的11%调整为8%，全部由个人缴费形成，单位缴费不再划入个人账户。当前社会统筹账户的养老金缴费率为工资总额的20%。

三、养老金替代率

养老金替代率反映的是养老金收入与工资收入之间的比率关系，是评价一个国家（或地区）养老保险制度保障水平的重要指标①。

养老金替代率 = 养老金收入 ÷ 工资收入 × 100%

---

① 根据研究问题的不同，可以区分出不同的替代率的统计口径，包括目标替代率、平均替代率和交叉替代率。目标替代率是以个人为研究对象，指的是单个职工退休后养老金收入与退休前一年工资收入的比率；平均替代率是以退休人员整体为研究对象，是全体离退休人员的养老金平均水平与当年职工平均工资水平的比率；而交叉替代率反映的是退休者的个人养老金与同期社会平均工资之间的比率关系。本文研究的是整个城镇职工基本养老保险制度，因而取平均替代率的口径。

养老金替代率关乎退休职工的基本生活，从宏观层面来看，又决定着全社会养老金发放总体规模，涉及到养老金的承受能力的问题。我国基本养老保险制度改革对于养老金替代率的目标是60%左右①。以国际经验来说，如果退休后的养老金替代率大于70%，即可维持退休前现有的生活水平，如果达到60%－70%，即可维持基本生活水平，如果低于50%，则生活水平较退休前会有大幅下降，1999年之前，中国企业职工养老金的替代率总体维持在75%以上，但之后呈逐年下降趋势，到目前已下降至40%以下，而且不同人群养老金替代率的巨大差异也引起了各方广泛关注②。

四、社会平均工资增长率

社会平均工资是指就业人员在一定时期内平均每人所得的货币工资额，通常由一个国家（或地区）在一定时期内（通常为一年）全部职工工资总额除以该时期就业职工人数而得到，是反映职工工资收入水平和生活水平的重要指标之一。随着国家经济形势和发展状况的不断变化，社会平均工资也会相应地调整、变动。社会平均工资社会平均工资增长率，即与前一时期相比，平均工资增长的比率。

五、参保率

基本养老保险制度的参保率是指参加基本养老保险制度的职工人数占职工总人数的比重。

养老保险参保率＝参保职工人数÷职工总数×100%

有研究假设基本养老保险制度覆盖城镇所有企业及其职工，笔者认为，尽管随着我国社会主义市场经济体制的不断完善以及我国基本养老保

① 褚福灵，养老保险金替代率研究，北京市计划劳动管理干部学院学报，2004第12卷第3期：17－21页。

② 中国养老金替代率偏低 家庭养老没存百万免谈，南方都市报，来源：搜狐财经 http://business.sohu.com/20141027/n405486565.shtml

险制度改革的逐步推进，养老保险制度的参保率必定会逐步扩大。理想状态下的参保率应该是 100%，我国养老保险制度的发展目标——在 2020 年实现全面建设小康社会的目标的同时，基本建立覆盖城乡居民的社会保障体系，但考虑到我国实际情况，短期内是不可能达到 100% 的，但无疑参保率逐渐提高是必然趋势。

六、参保人数

我国法定退休年龄是男 60 岁，女干部 55 岁，女工人 50 岁，特殊工种职工可提前 5 年退休。有专家在研究中假定退休年龄一致，取男女的平均值，并且不考虑提前退休现象。并假设基本养老制度覆盖城镇所有企业及其职工，因此将城镇职工总数作为模型参数。申曙光、彭浩然（2009）在预测中假设城镇劳动年龄人口数与城镇退休年龄人口数之比与全国劳动年龄人口数与退休年龄人口数之比一致，则参保的在职职工人数与参保的退休职工人数之比即是全国劳动年龄人口数与退休年龄人口数之比一致，已知参保总人数，可分别估算各年参保的退休和在职人口总数。

3.2　城乡居民基本养老保险广义缺口测算

3.2.1　当前缺口测算

不考虑制度运行过程中是否出现个人账户空账的情况，对于统一的城乡居民基本养老保险而言，养老金广义缺口可以理解为国家财政负担的基础养老金部分、地方政府对参保者的补助、对选择较高层次标准缴费人口给予的鼓励补贴、对农村重度残疾人群以及贫困人口的缴费补贴以及各地自行规定加发的部分基础养老金。

地方政府对选择较高层次标准缴费人口给予的鼓励补助、对农村重度残疾人群以及贫困人口的缴费补贴在整个养老金财政负担的部分中占据的比重较小，测算也相对复杂，所以此处忽略不计。而各地政府增发的那部分基础养老金，考虑到全国各地经济发展不均衡，取全国平均水平来看，增发基础养老金的地区相对较少，在测算中可以不予以考虑。于是，城乡居民的基本养老保险金缺口即等同于国家财政每年负担的基础养老金以及对参保人的缴费补贴。

2015 年我国城乡居民基本养老金支出 2069 亿元，财政补贴 2044 亿元①，计算可以得到 2015 年城乡居民基本养老保险金广义缺口为：

$$-(2069+2044)=-4113\ (亿元)$$

3.2.2 缺口预测方法

如前文所述，养老金广义缺口可以理解为国家财政负担的基础养老金部分、地方政府对参保者的补助、对选择较高层次标准缴费人口给予的鼓励补贴、对城乡重度残疾人群以及贫困人口的缴费补贴以及各地自行规定加发的部分基础养老金。地方政府对选择较高层次标准缴费人口给予的鼓励补助、对城乡重度残疾人群以及贫困人口的缴费补贴在整个养老金财政负担的部分中占据的比重较小，测算也相对复杂，所以此处忽略不计。而各地政府增发的那部分基础养老金，考虑到全国各地经济发展不均衡，取全国平均水平来看，增发基础养老金的地区相对较少，在测算中可以不予以考虑。于是，城乡居民的基本养老保险金缺口即等同于国家财政每年负

---

① 财政部社会保障司，关于 2015 年全国社会保险基金决算的说明，财政部网站 http://sbs.mof.gov.cn/zhengwuxinxi/shujudongtai/201611/t20161109_2454300.html

担的基础养老金以及对参保人的缴费补贴。

按照制度实施办法，可以得到预测城乡居民基本养老保险金养老金广义缺口的方法：

$$B_i = l_i \times g_i \times j_t + r_i \times j_i \times s_i \times 12 \qquad (公式 3.5)$$

其中：B_i 为城乡居民基本养老金广义缺口；

l_i 为 16－59 岁居民数；

r_i 为当年 60 岁及以上居民数；

g_i 为政府每年对每个参保人的补贴；

s_i 为每人每月基础养老金计发标准。

j_i 表示第 i 年的参保率。

根据这一公式，要想测算未来某年国家财政对基础养老金的支付责任，即本章所言养老金缺口，只需确定该年 16－59 岁人口数、60 以上年龄人口数、政府补贴标准、基础养老金计发标准以及各年的参保率即可。具体参数设置如下：

一、基础养老金和补贴计发标准

之前试点阶段的新农保试点中，地方政府每年对每个参保人的补贴标准为最低 30 元，每人每月基础养老金的计发标准为 55 元。之前试点阶段的城镇居民社会养老试点中，地方政府每年对每个参保人的补贴标准为最低 30 元，每人每月基础养老金的计发标准为 55 元。制度规定，随着经济的发展和物价水平的变动情况，财政补贴和基础养老金标准会随之变动。而根据当前《国务院关于建议统一的城乡居民基本养老保险的意见》规定，地方政府对选择最低档次标准缴费的，补贴标准不低于每人每年 30 元；对选择较高档次标准缴费的，适当增加补贴金额；对选择 500 元及以上档次标准缴费的，补贴标准不低于每人每年 60 元，具体标准和办法由各省人民政府确定①。2015 年开始城乡居民基础养老金待遇标准由最低标准由每人每月 55 元提高到 70 元②。

二、参保人数

可以在往年参保人数的基础上进行预测得到。

三、参保率

如前文给出概念，这里所指参保率是指参加城乡居民基本养老保险的居民人数占居民总数的比重。

3.3 机关事业单位养老金广义缺口测算

3.3.1 当前缺口测算

要考察一种养老金制度是否存在缺口，首先需搞清其筹资模式以及征缴、计发标准。按国家是否给予财政补助及补助的比例大小，可将事业单位分为全额拨款事业单位、差额拨款事业单位和自收自支事业单位。2008 年推行的事业单位养老保险制度改革试点工作，并不包括公务员（含参照公务员管理的事业单位）以及财政全额拨款的事业单位，仅包括差额拨款和自收自支的单位。2015 年开始全面推行的机关事业单位养老保险制度改革，包括按照公务员法管理的单位、参照公务员法管理的机关（单位）、事业单位及其编制内的工作人员。

① 《国务院关于建议统一的城乡居民基本养老保险的意见》，中央人民政府网站 http://www.gov.cn/zwgk/2014－02/26/content_ 2621907.htm

② 数据来源：人力资源与社会保障部社会保障司网站。

参与改革的事业单位中，改革前已退休的“老人”我们称之为第一类人，仍然采用老办法，由国家财政负担其养老金，按照国家规定的原待遇标准发放基本养老金，同时执行基本养老金调整办法，机关事业单位离休人员仍按照国家统一规定发给离休费，并调整相关待遇；将机关事业单位改革后参保的“新人”称为第二类人，这类人缴费累计满15年，退休后按月领取养老金，目前均没有到达退休年龄，因此无须对其测算；而制度改革之前参加工作、实施后退休的缴费未满15年的“中人”称为第三类人，基本养老金的计发比照《实施〈中华人民共和国社会保险法〉若干规定》执行；缴费满15年的“中人”称为第四类人，具体办法由人力资源社会保障部会同有关部门制定并指导实施。

我国事业单位职工人数约在4000万左右，由于事业单位受编制限制，并且一直在进行人员精减的改革，事业单位职工人数增长的潜力不大。因此事业单位即便改革为与城镇职工相同的统账结合的部分积累制，其所涉及到的参保人口数、在职人员与退休人员的比例也是相对稳定的。

另外，尽管改革后基础养老金实行的是以支定收的现收现付制，但由于其人口数的相对稳定，理论上应该不存在缺口问题，只不过个人账户在制度实行的一段时间内，会出现同城镇职工基本养老保险一样的空账问题，根据本文所界定养老保障广义缺口的概念，不将其作为测算范围。

综上分析，我们可以做出如下判断：改革涉及到所有机关事业单位，机关事业单位养老金广义缺口，只需考虑每年国家财政对已离退休的公务员和事业单位人员的养老金支出即可。因此本文作为估算，不妨将国家财政对于行政事业单位离退休支出作为每年该部分的广义缺口。

事实上，行政事业单位退休费目前只反映一部分中央和地方行政和事业单位的离退休费，而文教、科学、卫生事业单位的离退休费很大一部分不在这个科目中反映①。而是在相关科目中反映的，例如，一些老师的退休费还是在教育经费中反映；军队离退休干部的退休费在国防费中反映。据此判断，国家财政负担的行政事业口工作人员的退休金远超过本文所测算之结果。

根据可获得的数据，2015 年我国财政支出中行政事业单位离退休费支出 4360.95 亿元②，因此，可以得到：2015 年我国机关事业单位养老金广义缺口值近似为 -4360.95 亿元。

3.3.2 缺口预测方法

可以根据往年行政事业单位退休费，在考虑通货膨胀因素以及养老金计发标准上调的基础上进行预测。历年我国财政行政事业单位离退休人员退休金支出情况，即可以理解为本章所预测行政事业单位部分的广义缺口，通过计算我国行政事业单位离退休费各年增长率，可以通过取平均增长率的方法作为未来各年的增长率，并以此来预测各年的支出金额，即为各年事业单位养老保障部分的广义缺口值。

3.4 养老保障广义缺口值及财政承受力分析

3.4.1 养老保障广义缺口值

通过以上论述可以得到，2015 年我国机关事业单位养老金广义缺口值

① 朱青，中国社会保障制度完善与财政支出结构优化研究，中国人民大学出版社，2010 年 3 月：277 页。

② 数据来源：财政部，《中国财政年鉴 2016》，中国财政杂志社，259 页。

近似为 -4360.95 亿元；2015 年城乡居民基本养老保险金广义缺口值为 -4113 亿元；2015 年我国城镇职工基本养老保险的广义缺口值为 -1131 亿元。综上，2015 年我国养老保障广义缺口值为：

-4360.95 -4113 -1131 = -9604.95（亿元）

根据养老保障广义缺口的概念，这就意味着 2015 年国家财政为城镇职工基本养老金、城乡居民基本养老金以及机关事业单位基本养老金至少负担了 9604.95 亿元的广义缺口部分。

3.4.2 养老金缺口财政承受力分析

财政承受能力就是财政对经济社会发展所能提供的财力支持，养老金缺口财政承受能力顾名思义则是财政对于我国养老金缺口问题的承受能力。财政承受能力主要来源于财政收入，取决于财政支出结构。财政支出结构是指在一定的经济体制和财政体制下，在财政资金的分配过程中，公共财政支出总额中各类支出的组合以及各类支出在支出总额中的比重，亦即财政支出的构成①。

对财政支出结构的分析是研究我国养老金缺口财政承受力的前提，即国家财政在基本不改变现行分配格局的条件下可以将多少财政收入作为弥补养老金缺口的财力。因为要想确定我国财政收入中究竟有多少可以用来弥补养老金缺口，则首先需要搞清我国财政支出中哪些是刚性支出的部分，财政总收入扣除刚性支出的部分，其余部分才是养老金缺口的可能资金来源。一国财政支出结构受该国所处的经济发展阶段、政府职能、政府追求的目标以及具体国情特征等一系列因素的影响。因此分析我国的财政支出结构，须要考虑我国社会主义市场经济发展阶段的特征、政府职能的

① 王玉华，中国财政支出结构调整与优化，上海三联书店，2009 年 6 月：30 页。

转变以及我国发展中人口大国等特殊国情因素。

从全球范围来看，各国财政支出都呈现出不断增长的趋势，但各国增长的速度有快慢之别。至于各国财政支出的结构，现就主要支出项目进行比较分析：各国在经济建设方面的支出，发达国家，诸如美国、英国等，其经济建设方面的支出相对较少，而发展中国家如泰国、墨西哥等国在经济建设方面的支出相对较多，我国在经济建设方面的支出也相对较多；在社会保障支出方面，发达国家社会保障支出较多，高的占财政支出比重30%以上，经济发展程度低的国家支出则相对较少；一般性公务支出，即行政管理费支出，发达国家一般占财政支出的5%－10%，日本甚至低于5%，而我国这一比重大体在15%左右，成本较高；医疗卫生支出方面，发达国家这一项支出占财政总支出的10%－15%以上，发展中国家一般为5%以上；教育支出方面，发达国家教育支出占财政支出的比重一般在5%－10%，发展中国家相对高一些，占15%以上。

从我国自身情况来看，财政支出的结构不是一成不变的，客观上来看，它是随着国家所处的不同经济发展阶段，根据不同时期国家的发展战略和政策目标以及国内外大环境的变化，而有规律的发展变化。在经济体制改革初期，我国财政支出中经济建设支出占比长期超过50%，而文教科卫支出则一般均不超过15%，这种生产为先的财政支出结构是与当时的时代背景分不开的，也是适应当时国民经济实际情况的。而随着我国社会主义市场经济体制的逐步建立，政府的职能也逐渐由经济管理向社会管理转变，伴随着这一政府职能转变方向，财政支出结构也在相应的不断发生变化。经济建设费占比不断下降，社会文教支出、行政管理费等支出占比不断上升、国防费支出占比相对下降等。

另外，随着时间的推移，我国历年财政总支出与各项支出也长期呈现持续增长的态势，从各项支出占总支出的比重来看，经济建设费占比基本呈持续下降趋势；社会文教费占总支出的比重位居第二，并逐渐递增，并且于2006年首次取代经济建设费，成为占比最大的支出项目，随着国家财政支出向民生倾斜的政策取向，社会文教费占比增幅显著提高；国防费占比相对较为稳定，并稳中有降，进入21世纪之后各年基本维持稳定；行政管理费开始存在稳中有升的趋势，近年来逐年小幅度下降；其他支出则占比变化相对较为明显。以下将分别具体分析各项支出的情况：

首先，行政管理费方面。行政管理是政府的一项基本职能，其存在具有客观必然性，适度规模的行政管理费是保证各级政府部门正常运转、有效提供公共产品和弥补市场缺陷所必需的开支，并且随着经济社会的发展，社会经济生活日趋复杂，城市化进程加快，公共事务种类增多，为了更好地保障社会稳定、保持经济发展、维系与世界上其他国家的外交往来以及人民正常生活等，行政管理费的支出在绝对量上增加是不可避免的。但从行政管理支出占财政总支出和GDP的比重这两个相对量上看，与其他国家相比，我国财政中行政管理费占比明显处于世界最高水平，并且单从我国自身情况来看，占比也逐年增大。我国行政管理支出过高，一方面是由于我国政府机构人员臃肿导致的，另一方面政府部门行政效率低下也是重要的原因。在财政资金总量增幅不大的情况下，行政管理支出膨胀，必然挤占其他方面的财政支出，影响政府履行其职能。

确定行政管理支出的适度规模，需要具体考虑一个国家的情况，针对此的理论研究包括瓦格纳法则、经济发展阶段论的解释以及基于委托代理理论、官僚经济理论的分析等，学术界没有形成统一的观点，但行政管理费在财政总支出中所占的比重应该是下降的趋势，世界各国一般均是如此，并且其增长速度应与财政总支出增长速度保持一致为宜①。

行政管理支出具有一定的压缩空间，但是综合考虑我国的现实情况，尽管政府采取了精简机构等措施，试图削减行政管理费支出，但从实效来看并不明显，因为这又涉及到体制、就业等方面的原因。因此，在短期内大幅减少是不可能的，其占财政总支出的比重也不会大比例下降，若想从行政管理费占财政总支出的比重中拿出来一大部分用来弥补养老金缺口是不现实的。

其次是国防费。国防支出是任何一个主权国家维护其领土完整和主权独立所必不可少的开支。我国国防费支出相对而言较为稳定，占财政总支出的比重逐年以十分小的比率下降。国防支出受一定技术条件的制约，并且与国际、国内局势的变动密切相关。当国际、国内局势紧张的情况下，需要的国防支出较多；而在国际国内时局稳定时，需要的国防支出相对较少。我国奉行的是防御型的国防政策，在和平发展时期，其占财政总支出的比重也相对稳定。因而我们可以判定，国防支出占财政总支出的比重不会有明显的变动。

再次是经济建设费。经济建设费在我国财政总支出中所占的比重呈逐年下降的趋势，在20世纪80年代，经济建设支出占到财政总支出的50%以上，到21世纪的头10年占比降到了25%左右。这是因为改革开放之前我国实行的是计划经济体制，国家在资源配置中发挥主导性作用，经济建设主要依靠国家力量来推动，而改革开放以后，社会主义市场经济体制建立并逐步完善，国家在资源配置中的主体地位逐渐被市场所取代，市场在资源配置中发挥基础性作用。但由于转轨阶段的特殊性，为实现旧体制向新体制的顺利过渡，政府须要保持政策上的连续性，因此经济建设费不会

① 陈共，财政学（第六版），中国人民大学出版社，2009年：105页。

在短期内出现大幅度下降，而与其他各项支出相比占比仍然较大。然而可以预见的是，随着市场经济体制更加成熟，经济建设支出占比会稳步下降。

另外还有社会文教费。社会文教费涉及文化、教育、科学、卫生、出版等多个领域。从历年情况来看，社会文教费所占比重逐年增加。随着国家对教育、文化、科技和社会服务事业发展的重视，科教兴国战略的推进，这方面的支出会持续增加。当前国家在教育方面的支出并没有满足教育事业发展对资金的要求。随着国民经济的发展和财政收入的增长，国家财政中教育经费支出占国民生产总值的比例理应逐步提高①。而教育部门的资金短缺，必然会制约教育事业的发展。并且从国际上来看，加大政府对教育的投入，可以起到促进经济增长等多重目标，各国的政府也一直在不遗余力地推进教育方面的投入。

当然，社会文教事业的发展方向，必定是政府和市场两种力量共同推动，诸如义务教育以及一些基础性科研之类的公共产品，需要国家提供财力支持；而对于职业教育等这类准公共产品，不应完全由国家财力支持；而那些营利性的文艺团体、新闻出版等事业的发展，可以采取市场化的方式，减少国家财政负担的部分。因此出于以上考虑，社会文教支出占财政总支出的比例不会出现大幅提高，应该会稳步增长。

最后是其他支出。财政支出中其他支出具有不确定性，并且从历年数据可以看出其变动起伏较大。

如果试图通过增加财政补助的方式来弥补养老金缺口，就必然会形成对其他项目财政支出的排挤。调整财政支出结构可以通过存量调整和增量调整两种办法。存量调整是对现有各项支出进行有增有减的调整，增量调

① 《中华人民共和国教育法》第五十四条 1995 年 9 月 1 日

整则是用财政收入新增的部分来补充对某一项支出的支出力度。存量调整因为要涉及到已有部门的既得利益，因此阻力较大①。我国财政支出存量调整空间较小，改革开放以来，政府对教育、社会保障等的支出占比的提高都是靠挤压其他支出项目实现的。

上文已经逐个分析了各项支出的未来发展趋势，可以看出：国防支出占比相对稳定；行政管理支出和经济建设支出占比稳步下降，短期内很难大幅度减少；社会文教支出逐年攀升；其他支出各年变动较大。可以归结为有增有减，而且大部分项目财政支出具有一定的刚性，想从中拿出来支付养老金缺口的可能性很小。我国现在及未来的一段时间都将长期处于经济转轨阶段，公共财政体系也处于不断完善的过程中，并且由于财政支出结构受到诸多因素的影响，因此想从中直接拿一部分来弥补缺口的难度较大。另外，我国长期存在财政赤字，赤字的弥补只能通过发行国债的方式，如果加大赤字，必然导致国债规模的扩大，势必会对财政运行带来更大风险。如此一来，从财政资金中拿出一部分来补充养老资金只能寄希望于财政收入未来的增长空间，即采用增量调整的途径来弥补缺口。一直以来我国财政收入的增速明显快于 GDP 增速，而随着我国国民经济的不断发展，经济结构调整、经济增长方式转变的不断推进，经济总量发展到一定的规模，GDP 增速放缓，财政收入的增长速度也会相应地放慢，也许未来各年财政收入增速不能始终保持 10% 以上的增速，财政收入增长将无法满足巨额的养老金缺口支付。中国社会养老保障制度必将遭受前所未有的挑战。同时，本书所界定的养老保障广义缺口以及估算较为保守，是当期缺口的概念，没有包含城镇职工基本养老保险个人账户空账的部分等，所以

---

① 朱青，中国社会保障制度完善与财政支出结构优化研究，中国人民大学出版社，2010 年 3 月：292 页。

财政收入增量是否可以补足养老金缺口需求，还具有不确定性。

另外，根据本章所论证的预测方法，可以对未来年份的养老保障广义缺口进行估算和预测。

第 4 章

解决中国养老金缺口之对策分析

4.1 养老保障方式概述

《辞海》将“保障”释为“保护、防卫，亦指起保障作用的事物”。养老保障，顾名思义，即是指用以养老的保障措施或途径。而养老保障的实现，从主体角度划分，可以通过个人保障、家庭保障和社会保障等多种途径。古往今来，养老保障方式大致经历了从自我保障到家庭保障，再到社会保障的历史演进过程。从工业革命以来，各国纷纷开始探索建立社会保障制度，在社会养老保障发展的百余年历史中，各国不断地进行改革，基本形成了涉及国家、社会、企业和个人的多主体参与，财政出资、企业出资与个人出资等多渠道筹资，包括社会养老保险、企业年金、自我养老等多支柱的养老模式。

从是否政府行为的角度可以将养老保障划分为社会养老和个人养老两大类。社会养老保障，世界各国广泛采取的是养老保险的方式。政府举办的各种类型的社会养老保险，如城镇职工基本养老保险、新型农村社会养老保险、城镇居民养老保险等均属于社会养老的范畴，当然，也包括针对少数贫困、老弱病残人群的社会救助。而家庭养老、自我养老、商业养老以及企业年金等均可以看成是个人养老保障行为。

商业养老是通过商业保险的途径，购买保险公司开办的各种商业养老保险等，来达到养老的目的，商业保险是指由专门的保险企业按商业原则经营，并通过保险人与被保险人之间自愿订立保险合同来转嫁或承担特定风险责任，进而实现损失补偿或给付的一种经济机制，它以保险合同为直接依据，以向投保人收取保险费建立保险基金为手段①。商业养老保险发展还处于起步阶段，而应将其发展成个人养老保障实现的重要方式。

自我养老，顾名思义，就是指依靠自身的力量，如储蓄存款等方式，满足自身养老的需要，突出特点是自己赚钱自己花，自己保障自己；我国的企业年金制度是由企业补充养老保险演变而来的，是企业和职工依据经济状况自主建立的一项养老保险制度，是基本养老保险的补充②。

家庭养老是指家庭的其他成员为家里老年人所提供的养老保障支持，包括经济支持、生活照料和情感支持三个方面。家庭在人类历史长河中始终扮演着十分重要的角色，“积谷防饥，养儿防老”是中国流传下来的传统文化思想，家庭养老也是延续了几千年历史的主要养老方式。家庭保障以家庭为单位解决了成员可能遇到的生、老、病、死等社会风险，同时对于维护社会的稳定，延续传统社会文明，都起到了举足轻重的作用。随着生活质量、医疗卫生水平的提高，死亡率下降，老年人预期寿命延长，同时，计划生育政策导致我国生育率下降，独生子女家庭的增多，一对夫妇要赡养四个老人，不论在经济上和还是时间上，均面临了沉重负担。虽然

① 郑功成，中国社会保障论，中国劳动社会保障出版社，2009年9月：7页。
② 袁志刚，养老保险经济学，上海人民出版社2005年12月：268页。

现实情况使家庭养老面临着一些挑战，但是我国的国情是人口基数大、财力薄弱、未富先老，推进全民社会养老难度较大。

当前，上述各种养老方式我国都存在，农村地区家庭养老方式仍旧是主要的养老保障模式；城镇地区，则主要是以城镇职工基本养老保险为主的社会养老模式，家庭养老同样发挥重要作用。至于企业年金和商业养老的方式，覆盖范围相对较小。

4.2 弥补缺口的多种途径分析

不论是单从城镇职工基本养老保险社会统筹账户的当期缺口来看，还是包括整个社会养老保障制度的广义缺口来看，弥补缺口的途径不外乎有两大类，其一为抑制养老金需求，即所谓“节流”；其二为增加养老金供给，即所谓“开源”。抑制需求的办法主要有延长退休年龄、降低养老金给付水平等；而增加供给的办法主要包括发行国债、征收新税种、财政补偿以及国有股减持等。

第一，延长退休年龄。延长退休年龄会导致退休人口的减少，制度赡养率的降低，就业人口则增加。同时，会延长缴费时间。现实中，很多退休者在达到退休年龄后，仍然会继续寻找另外的工作，这种意义上看，延长退休年龄似乎可行。但延长退休年龄会减少社会对劳动力的需求，这必然会带来就业压力。而社会上存在大量的剩余劳动力的情况下，政府往往尝试着采取提前退休的政策，以解决这类人群的就业，这样必然造成养老金负担加重。这恰好形成了矛盾。

当前，世界各国经济都处于金融危机后的恢复阶段，养老金缺口采用

“开源”的办法解决可能性较小，于是很多国家都采用“节流”的办法进行改革，而其中普遍性的做法是延长退休年龄。但这一做法遭到了各国民众的严重抗议，面对民众反对压力，这些国家的养老金改革均无果而终。

第二，调整替代率。下调养老金替代率会降低养老金给付水平，使退休人员领取退休金减少。影响养老金替代率的因素较多，主要包括缴费率、抚养比、职工平均工资以及月养老金标准等，其中前三项一般是由制度、市场或人口结构确定的，因而具有比较强的刚性，而月养老金标准是每年由国家决定的。当前我国的情况是退休人员养老金涨幅低于城镇职工平均工资的涨幅，替代率呈现小幅度下降的趋势。退休人员的收入水平不断降低，通货膨胀时期，企业退休职工将不能维持原有生活水平，甚至使其陷入贫困，这意味着退休人员养老权益的流失，这某种程度上会导致在岗职工对养老保障制度的不良预期，从而造成对退休后生活的恐慌。因此，我们可以判断替代率大幅调低可能性不大，而小幅度下降则与本文之前测算中的假设一样，缺口问题仍旧存在。

第三，减持国有股（包括国家股和国有法人股）。是指向社会公众及证券投资基金等公共投资者转让上市公司（包括拟上市公司）国有股的行为。国务院于2001 年6 月颁发了《减持国有股筹资社会保障资金管理暂行办法》，开始实行的四个月时间里，减持变现 10% 国有股来解决社保基金缺口问题，然而国有股减持方案很快遭到了股市投资者的激烈反对，最终不得不紧急叫停。

第四，发行国债。财政对国债是否具有足够的承受能力可以通过以下几个指标来判定，一为国债依存度，即当年国债收入（国债发行额）与财政支出的比率。而我国地方政府目前没有发行债务的权利，国债是由中央政府掌控的，因此中央财政债务依存度①对我国而言更具有现实意义。目前这一指标的国际公认警戒线是：国家财政国债依存度为 15% –20% 左右，中央财政国债依存度 25% –30%；二为国债偿债率，是指当年国债还本付息额与财政收入的比例关系。从国际经验来看，通常认为偿债率处于 8% –10% 的范围内是安全的；三为国债负担率，即当年国债累计余额占当年 GDP 的比率。根据国际经验，发达国家的国债负担率最多不能超过 GDP 的 45%，而是否超过 60% 被视为国际警戒线；四为赤字率，是指财政赤字占财政收入的比率，国际上通常将 3% 看作安全线。为了财政的安全，需要将赤字率控制在 3%。

而我国国债依存度从 1994 年以来均达到 20% 以上，超出了 15 –20% 的国际公认警戒线，中央财政债务依存度更是远远超过 25 –30% 的警戒线；而偿债率国际上通常认为偿债率处于 8 –10% 的范围内是安全的，我国历年的比率也均超过了这个范围；由于我国经济处于长期持续发展的趋势，经济总量不断扩大，因此国债负担率确实远低于国际上公认的标准，处于相对安全状态；赤字率国际上通常将 3% 看作安全线，大部分年份我国的赤字率均高于这一安全线。

国债的发行涉及到一个借新债补旧债的问题。“以债养老”模式难以为继。从长期来看，一国如果总是靠发行国债来实现财政平衡，则必然导致债务的过度积累，造成国家债务还本付息压力增加，很可能造成赤字与债务双高的局面。如果政府无力偿还，会导致政府以至国家信用下降，社会恐慌，甚至会导致局部或者全局性的金融危机的爆发、国际社会的制裁等。

第五，财政补偿。上文已经阐述了财政承受力问题，2017 年 11 月 18

① 中央财政国债依存度是指当年国债发行额占中央财政支出额的比率。

日，国务院在经历了“减持国有股筹集全国社保基金”、“转持国有股充实全国社保基金”两个阶段之后，第三次发布有关划转国有资本充实社保基金的文件，财政部官网公布了《划转部分国有资本充实社保基金实施方案》，我国统一的企业职工基本养老保险制度建立以来，受多种因素影响，形成了一定的企业职工基本养老保险基金缺口，实施划转有利于实现基本养老保险制度的代际公平，避免将实施视同缴费年限政策形成的基本养老保险基金缺口，通过增加税收、提高在职人员养老金缴费率等方式转移给下一代人，为弥补因企业职工享受“视同缴费年限政策”（即在实行个人缴费制度前，职工的连续工龄可视同缴费年限，这就是所谓的“转制成本”）形成的基本养老保险基金缺口，方案决定划转部分国有资本充实社保基金，划转比例统一为企业国有股权的10%，中央和地方国有及国有控股大中型企业、金融机构被纳入划转范围，社保基金会等承接主体经批准可以通过国有资本运作获取收益，与此同时，也要履行3年以上的禁售期义务，并应承继原持股主体的其他限售义务，另外，令人担忧的还有一个问题：上市公司股份划转社保金，以后社保金减持砸盘该如何应对①。

第六，增发新税种。目前来看新税种的开征具有一定的难度，并且能够征收的资金数量也相对有限。新征的税收与缺口相比也极度有限。

第七，提高缴费率。解决缺口最直接的办法就是提高企业和个人的养老金缴费率。然而这种做法会导致劳动成本的增加，削弱产品在国际市场上的竞争力，引起就业危机等，不利于我国经济的发展。并且从国际比较可见，比较公认的看法是当前我国社会保险的费率相对较高，再提高费率的难度较大。

---

① 弥补基本养老金缺口10%的国企股份将划转社保基金，新浪网 http：//finance. sina. com. cn/roll/2017 - 11 - 21/doc - ifynwnty6160650. shtml

但是对于我国已经形成的巨额个人账户空账以及不断显性化的隐性债务导致的不断扩大的养老金缺口而言，这些措施尽管在一定程度上能缓解财政危机，而更多的时候则是杯水车薪。

4.3 养老金缺口对策之国际比较

20 世纪 70 年代以来，石油危机带来冲击、世界经济增长放缓以及人口老龄化加重，世界上实行养老保险制度的国家，都或多或少的出现了养老金支付与制度信任危机。为应对这一问题，早在 20 世纪 90 年代，一些欧洲国家就开始了旨在开源节流的养老金体系改革，随后，世界上其他一些国家也都不同程度的进行了改革。纵观各国采取的改革模式，主要包括以下三种类型：第一类以发达国家为代表，采取的措施是为养老金给付寻求新的筹资渠道，在现收现付制度基础上对养老金进行调整，并考虑以缴费确定型养老金制度部分取代原来普遍救助和现收现付制度；第二类以拉美国家为代表，放弃现收现付制度，尝试私有化的个人账户积累制，减少政府责任，重点发挥政府在养老保险方面的管理和监管作用；第三类是以转型中的发展中国家为代表，将现收现付制与积累制综合起来。本文以下部分，将选取较有代表性的几个国家展开比较分析。

4.3.1　瑞典的养老保险制度改革①

瑞典于 1913 年正式建立起养老保险制度，此时的养老保险制度实行普遍性缴费，所有 18－66 岁的国民都可以参加，并且国家为那些无力缴纳养老金的国民提供免费的养老救济。1936 年，瑞典社会民主党提出改革这一制度的口号，试图提高大城市以及其他生活费用较高地区的养老金标准，并着手制定具体改革方案，然而 1939 年第二次世界大战爆发，导致这一计划搁浅。

二战结束以后，瑞典开始探求建立新的养老保险制度，并于 1946 年通过了新的养老法案，1948 年该法案付诸实施，法案规定养老金缴费标准为个人应税收入的 1%，而退休金的领取与参保者退休前收入水平无关，所有 67 岁以上的参保者都可以领取基本养老金。此外还可以得到住房与家属津贴。此后，瑞典又相应进行了一系列的养老金制度改革的畅想，不同党派提出了不同的改革方案，并试图建立与收入相关联的补充养老金制度。但改革一再遭遇搁浅。直至 1960 年，瑞典开始实行与收入相关联的补充养老金制度。

20 世纪 60 年代末期，瑞典又进行了一系列的养老保险制度改革，70 年代，基本形成了普惠型的养老保险制度，成为福利国家模式的典型。瑞典的基本养老保险制度由保障国民最低生活水平的国民基础养老保险和与工作收入相关联的国民附加养老保险构成。在基本养老保障制度之外，还

① 本部分参考了以下两书中相关内容：
钟仁耀，养老保险改革国际比较研究，上海财经大学出版社，2004 年 2 月：79－102 页；
中国保监会，养老保险国别研究及对中国的启示，中国财政经济出版社，2007 年 1 月：428－456 页。

分别建立了针对白领职工、蓝领职工以及公务员等的企业年金制度。

国民基础养老保险制度覆盖了所有国民，由雇主和个体经营者负担，定额支付，现收现付，强制加入，不足部分由国家负担。在瑞典，不分国籍，只要居住 1 年以上并满 16 岁即可进行社会保障登记，居住 3 年以上并年满 65 岁，即可领取基本养老金，养老金具有固定的支付标准，同时还包含相应的遗属养老金、残疾人养老保险等。

国民附加养老保险是为了保障退休收入达到退休前收入水平的一定比例，是与收入水平相联系的养老保险制度。达到制度规定收入标准的国民须加入该制度，个体经营者以及达到收入标准且 16 岁以上的外来定居者自愿加入。缴费 3 年以上、年龄达到 65 岁的参保者即可领取养老金，另外相应的设置了遗属养老金、遗子养老金以及残疾人养老金的规定。

然而，进入 20 世纪 80 年代，在人口老龄化、经济增长低迷、财政赤字严重以及制度本身设计等问题的多重压力下，瑞典出现了养老金支付危机，于是开始尝试进行养老保险制度的改革。瑞典政府加大紧缩社会保障支出的力度，将部分养老金替代率从 65% 降低到 50%，同时限制养老金领取资格，使符合领取资格的老年人口数不断减少。在非社会主义政党执政时期，开始探索社会保障私有化改革，力图在主要社会保障项目上引入竞争机制。同时，学术界也开始倡导哈耶克等主张市场化道路的经济思想，扩大了关于社会保障私有化思想的宣传。而随着瑞典社会民主党的重新上台，阻碍了社会保障私有化改革的步伐。然而在瑞典社会保障所有项目中，养老金领域的私有化进程最为明显，职业养老金制度取得长足发展。但职业养老金的参保者主要是高收入阶层。

20 世纪 90 年代中期，瑞典的养老金筹资模式由之前的现收现付制转变为现收现付制与部分积累制相结合的模式，开始实行“名义个人账户”

这一过渡性的制度，这一趋势与世界其他国家养老制度改革的趋势大体相同。20 世纪 70 年代以来，瑞典的社会保障基金几乎全部来源于国家财政和企业缴纳的保费，个人几乎不承担任何费用。这一改革体现了对养老保障个人责任的强调，某种程度上减轻了国家和企业的负担，一定意义上缓解了养老金支付危机。

4.3.2 智利的养老保险制度改革

1818 年，智利宣布独立，成立智利共和国。独立后不久即建立了退役军人养老保险制度。19 世纪 90 年代，又建立了以政府职员为对象的养老保险制度，随后又将国有企业职工纳入养老保障范围。20 世纪初，政府制订了养老保险法，基本养老保险制度的覆盖面扩大到民营企业职工，建立了为白领工人和蓝领工人提供退休金的养老计划。1961 年，引入最低养老金保证制度。到 20 世纪 70 年代，智利已经形成了现收现付的社会保障体系。但这一体制下，军人、政府职员、国有企业职员和私企职工的养老保障处于相互分离的状态，而不同部门形成了不同的受益水平。社会保障管理混乱、分配不公、效率十分低下，到 20 世纪 70 年代末期，人口老龄化直接导致财政支付危机，制度面临破产边缘。

20 世纪 80 年代，智利开始了养老金私有化改革，废除了以现收现付制为基础的养老保险制度，实行私有化的完全积累型养老保险制度。智利的养老金改革是在军事政治独裁统治的条件下展开的，而此时智利的市场机制也不断地完善，宏观经济形势相对稳定，并吸收了新自由主义思想，作为其进行经济体制改革的指导思想。新制度规定个人缴纳养老保险费用，建立个人账户，更多地强调个人在养老保障的责任和作用。养老基金由养老金管理公司负责运营，引入竞争机制，政府摆脱了在养老保障制度中的大部分财政责任，仅负责制度的实施和运行中的监管，同时为低收入者以及残疾人提供最低养老保障。

改革后，养老金运营效率提高，对智利的经济增长起到了良好的促进作用，并成为拉美国家效仿的对象。世界上其他国家，如阿根廷、墨西哥、瑞典等国也先后进行养老保险制度的私有化改革。

4.3.3 美国的养老保险制度改革

早在19世纪末20世纪初，美国就已经发展成为发达的工业化国家，但却没有像英国等欧洲国家那样建立起社会保障制度，这一选择是与美国强调个人力量、提倡自由的传统密不可分的。直至1929年，资本主义世界出现了前所未有的经济大萧条，这场危机催生了美国社会保障制度，1935年美国政府通过了历史上第一部社会保障法——《社会保障法》，老年社会保险作为其中一个项目建立起来。之后的几十年，美国社会保障制度不断发展，社会保障项目逐渐增多，覆盖面不断扩大。

20世纪80年代开始，美国社会养老保障制度问题凸现，养老金支出规模庞大，政府财政负担日益沉重，而社会保障税率的提高，引起了国民不满，社会保障管理机构臃肿，管理费用开支巨大。此时，信奉自由与市场的芝加哥学派兴起，主张自由放任，充分发挥个人的主动性和市场的主导型，自此，美国开始改革其社会保障制度。

改革后的美国养老保障体系形成了社会保险、企业补充养老保险、商业保险和其他储蓄计划三支柱模式，是最符合世界银行养老保障三支柱提法的养老保障实践。第一支柱的社会保险计划，实行现收现付制，通过征收社会保障税筹资，用以提供劳动者及其他弱势群体的基本养老保障和最低生活保障，充分体现了社会保障的公平性原则，具有社会再分配功能；

第二支柱企业补充养老保险，实行基金积累制，由企业自愿设置，采取雇主和雇员缴费的模式，政府不出资，但为其提供一定的税收优惠，目的是减小劳动者退休后与退休前的收入水平差异；第三支柱商业保险和其他储蓄计划是居民根据自身条件和需要，自由选择的商业化、自我养老模式。

4.3.4　日本的养老保险制度改革

日本的养老保障制度包括国民年金和厚生年金两个层次。国民年金是基础养老保险，凡年满 20 岁以上，65 岁以下的公民必须参加入保。厚生年金是在国民年金的基础上设定的一种附加年金，限定投保对象为工薪阶层，并强制性要求加入，保费分别由政府、企业，个人共同负担。日本的养老保障制度成为人们老年时生活的主要保障，一直发挥着非常重要的作用。但进入 20 世纪 90 年代，日本经济持续下滑、人口老龄化加快发展，日本政府面临着严重的财政支付危机，社会养老保障制度的可持续性面临严峻挑战。另外，日本的国民养老金空洞化十分严重，所谓空洞化是由于贫困、失业、疾病等原因交纳不起，以及中青年认为其所承担的高额养老保险费很大一部分用于当代养老费用支出，对现行养老保障制度缺乏信任感等原因拒交或滞交保险金，这部分人口占据日本大约三分之一的被保险者。

2004 年，日本国会通过了养老金改革方案，改革的办法主要体现在推迟养老金领取时间、扩大养老金来源、降低替代率、提高缴费率以及减轻政府责任，削减部分项目。第一，推迟养老金领取时间。将养老金的领取时间逐渐推迟到 65 岁，每 3 年提高 1 岁，男性从 2013 年开始到 2025 年结束，女性从 2018 年开始到 2030 年结束。第二，扩大养老金来源。将加入养老保险的年限由以前的 25 岁降低到 20 岁，延长了养老保险金交纳时间。

第三，扩大养老保险金的交纳基数，即工资收入和奖金收入同时纳入保险金交纳基数。

4.3.5 德国的养老保险制度改革

德国于1889年首创社会养老保险制度，二战后养老保险由基金积累制转变为现收现付制，并伴随着战后经济奇迹，一度成为最慷慨的公共养老金体系，替代率高达70%，然而随着石油危机爆发、经济增速下滑、失业率攀升和人口老龄化，养老保险财务难以为继，1989年起，养老保险体系开始紧缩，1991年两德统一又加重了养老保险财务负担，随后几年内德国引入数轮紧缩的参数调整①。

德国于20世纪90年代以来，对其养老保障制度进行了一系列改革，改革的主要内容包括逐步降低替代率、提高缴费率、提高退休年龄以及强化商业养老等其他养老支持的作用等。近十几年来，德国又对养老金体系进行了系统性的改革，包括鼓励和积极推进企业补充和私人养老金，从单一支柱转向多支柱体系（2001年李斯特改革），以减轻法定养老金的财务压力，控制缴费率上涨，在养老金给付计算上引入可持续因子（2004年养老金可持续法案），实际降低缴费率增速和替代率，使养老金给付从收益确定转变为缴费确定型，从2012年起将法定退休年龄逐步由65岁延迟至67岁（2007年改革法案），在横扫欧洲的债务危机冲击下，德国的经济和社会保障制度得以从一片哀鸿中脱颖而出，2001年以来的改革功不可没，这些改革措施已见成效，养老保险财务压力显著减轻，基金出现盈余②。

---

① 华颖，德国2014年法定养老保险改革及其效应与启示，国家行政学院学报 http：//theory. people. com. cn/n1/2016/0503/c217905 –28321596. html

② 华颖，德国2014年法定养老保险改革及其效应与启示，国家行政学院学报 http：//theory. people. com. cn/n1/2016/0503/c217905 –28321596. html

4.3.6 法国的养老保险制度改革

法国原本是西方社会中高福利、社会福利体系十分完善的国家代表之一，法国的养老保险制度相对德国、英国而言，起步晚、起点低，但在第一次世界大战之后到上世纪末，不断发展、不断完善，基本形成了覆盖面包括农业、手工业者和自由职业者在内的全体公民的养老金制度。但从上世纪70年代开始，在人口结构失衡、经济预算压力导致的财政赤字迫使下，法国基本养老保险的保障水平开始下降，开始谨小慎微地收紧养老保险制度，对养老保险制度进行一系列的改革，具体改革措施包括提高退休年龄、降低给付标准等。法国的改革进程体现出了三个特点：坚持现收现付型保险的根本地位、注重保障弱势群体的养老利益、逐步破除公共部门的养老特权。在2003年的改革中，法国政府则试图改变现收现付型保险的垄断地位，引入带激励性质的资本积累型保险，补充前者保障水平降低后的空隙。法国政府在2010年推动了新一轮的养老保险改革，这一改革引发了巨大的反对浪潮，其中引起最大争议的举措则是将退休年龄由60岁逐渐延后到62岁，希望通过延长工作时间来实现养老保险账户的平衡，减轻公共财政的压力，法国政府养老保险制度的改革思路，与欧洲其他传统的福利国家所进行的改革是一致的，但法国社会的特点使得养老金制度改革得到了民众的广泛关注，改革方案中应对此类问题的举措成为该方案能否获得民众支持、并最终能否在议会获得通过的关键，因此，法国养老制度的历次改革都必须在减少养老金支出、延长工作时间与提升对弱势群体的保护之间寻求平衡①。

---

① 陈天昊，法国养老保险制度改革对中国的启示，上海政法学院学报 http://www.rmlt.com.cn/2014/0405/254359.shtml

4.3.7 英国的养老保险制度改革

英国是世界上第一个福利国家。二战后，以贝弗里奇报告为基础，英国通过《国民保险法》（1946）、《国家援助法》（1948）等法律，将社会保障覆盖到公民生活的方方面面，确立了“从摇篮到坟墓”的福利国家制度模式，但到上世纪70年代，随着高福利制度带来的经济效率下降、劳动力市场活力不足等弊端日益显现，加上人口老龄化等问题的出现，社保支出不断扩大，财政负担不断加重，高福利制度已经难以为继，1979年撒切尔政府上台后，英国实施了一系列改革，核心是转向保基本，使政府提供的保障水平与经济社会发展相适应，倡导个人与国家共担责任，通过降低养老金水平、提高退休年龄、突出强调养老金精算平衡等方式逐步削减福利，遏制养老保险支出不断增长态势，并加快私人养老金改革，淡化政府养老责任。这些理念基本上为其后的历届政府所接受和发展，以延长退休年龄为例，英国规定领取养老金的最低年龄男性为65岁，女性为60岁。从2010年起，英国逐渐提高女性的退休年龄至65岁，在2017年同时提高男性和女性的退休年龄，预计在2021年达到66岁；在2036年达到67岁；在2046年达到68岁①。改革后的英国养老保险制度由三个支柱组成：第一支柱是现收现付的基本养老保险；第二支柱是职业年金计划和强制性的个人年金账户；第三支柱是个人自愿性的补充商业养老保险。其中第一支柱基本养老金仅保证职工退休后的最低生活需要，其替代水平较低，退休待遇主要依靠职业年金来满足。经过多轮改革，英国的公共养老金支出占GDP的比重下降，德国等国家则相反，可以看出，英国在解决人口老龄化

① 英国基本养老保险制度概况，财政部网站 http：//zys. mof. gov. cn/pdlb/tszs/201601/t20160122_ 1655101. htm

带来的养老金缺口方面走在欧洲国家的前列。

4.3.8 国外养老保险制度改革的启示

不可否认，社会养老保障制度的建立，具有其积极意义的一面，该制度没有建立时，劳动者退休后没有收入来源，预期寿命很短，如果得不到子女及其他家人的资助，某种意义上退休就意味着贫困，有些人只能依靠慈善机构或者政府提供的补贴而存活。社会养老保障制度出现以后，预期寿命延长，老年人生活水平得到一定的改善。然而国家的力量是有限的，各国社会养老保障制度出现的支付危机就是最好的证明。目前及未来的很长一段时间，世界各国的养老保障制度都处于或将处于巨变之中。各国社会养老保障出现的财务危机表明，不论是瑞典等发达、福利国家的普惠型养老保障制度，亦或是中国等发展中国家不断改革中的多支柱养老保障制度，都具有不可持续性。

比较上述各个典型国家进行的养老制度改革，可以得出如下共同之处：其一是调整政府、市场和个人在养老保障中的责任界定，更多地强调个人保障，逐渐减少政府在养老保障制度中的支出，同时更多依靠市场的力量来促进养老保障的效率，但在纠正市场失灵和维护社会公平方面，仍然需要政府发挥作用，保障退休人员的基本需求以及弱势群体的最低保障。其二是旨在建立多支柱的养老保障体系。

私有化改革同样涉及到一个转轨成本的问题，需要对历史隐性债务进行清偿，而政府则是这一责任的主体，由于隐性债务规模巨大，超出了各国政府财政的承担能力，各国均采取了空账运行以及发行国债的方式弥补资金的缺口，这导致了政府还要额外承担个人账户空账而带来的利息损失。而养老保障要想实现私有化运营，则要求市场（特别是金融市场）必须是完善的，可以有效避免市场失灵。而市场的问题促使政府来承担养老的责任。现实中没有完美的政府，政府也同样存在自身的问题。如上案例充分说明了单靠市场、单靠政府或者单靠个人的力量都不能使养老保障问题得到最好的解决。而市场、政府和个人在养老保障中的角色问题，是寻找养老保障最佳途径的前提。

需要认清的现实是：福利国家模式行不通。人口老龄化仍然是养老保障制度面临的最主要的问题。加之许多国家的养老金投资亏损严重。以上各种弥补养老保障缺口的途径已经被各国的实践所证明并不能从根本上解决缺口问题。短期内，发行国债，借新债补旧债办法似乎可行，然而长期趋势必然是福利的相应削减，结果必定是依靠社会养老保障的模式退出历史舞台①。

当然，政府在养老保障中存在一定责任。世界各国养老保障发展和改革的历史表明，国家在养老保障中具有不可推卸的责任，需要国家为那些低收入者和弱势群体提供最低养老保障，根据现代公共理论，政府提供的养老保障应该是基本的或者说最低的保障，目的是解决社会公平问题，实现收入再分配。而把过多的负担强加到国家头上，是不合理的，也会导致养老保障制度难以为继。商业养老、自我养老等个人保障方式则是为了更好地促进效率。个人保障才是养老保障最优的选择，应充分发挥个人自我保障的作用，让养老保障的途径市场化，依靠市场的力量，走商业化的路径，只有实行市场化运作才能使养老基金的投资收益、利用效率达到最大。个人根据自身条件和需要自由选择保障的方式，包括自我储蓄养老、走商业保险、家庭养老，还有企业年金等形式。个人保障才是最现实的主

① 养老金是未来全球最大债务黑洞，中国新闻网 http：//www. chinanews. com/cj/2011/08－17/3262941. shtml

要养老保障模式选择。现实可行的养老保障模式理应如此。

4.4　中国养老保障改革途径选择

如前所述，当前我国养老保障制度存在诸多问题，公务员、事业单位、企业退休人员和农民享受待遇差别较大；养老保险个人账户空账规模巨大，养老金缺口严重；基本养老保险费率高达28%，使企业和个人负担过重以及社会保障制度运行行政成本过高等，如上问题伴随着老龄化社会的加速到来，如果不对制度进行彻底的改革，中国现行养老保险制度长期将是难以持续的。

面对世界各国社会养老保障制度面临的支付危机，世界银行通过对几十个国家养老保障制度的研究，于 1994 年提出了养老保障制度的三支柱模式：保证退休职工生活在贫困线以上的基本养老保险，公共管理、并以税收筹资，此为第一支柱；用来取得基金积累优势的较大的强制性个人账户，私人管理、完全积累，此为第二支柱；对期望目标作补充的自愿账户，以满足较高的保障水平的要求，此为第三支柱。其中第一支柱具有再分配性质，第二、三支柱涉及储蓄，并将养老金与缴费挂钩。支柱一、二是强制性的，支柱三是资源的私人保险或年金。2005 年底，世界银行公布的研究报告将三支柱扩展到五支柱，即增加了以消除贫困为目的的，提供最低水平保障的非缴费型“零支柱”以及非经济性的，家庭成员间或代际间非正规保障性的第四支柱。可见世界银行关于养老制度改革的观点也发生了明显的转变，一方面更加强调保障最低与基本，另一方面则显露出养老保障应更多地依靠市场力量和个人力量的倾向。

另外，包括国际劳工组织和国际货币基金组织在内的其他国际组织也有相应的关于养老金改革模式的倡议。国际劳工组织倡导四层次的养老金模式，第一层次是由国家财政支付的专门为收入最低的人设计的最低养老金制度；第二层次是强制性的由职工缴费的现收现付制度，以实现收入再分配和共同保险；第三层次是强制性的由职工缴费的基金积累制养老金制度；第四层次是自愿储蓄和非年金收入。国际货币基金组织倡导三级养老金模式，即由政府主办的用以扶贫的强制性的现收现付制模式为第一级；由政府或私营机构设立的灵活性的养老金制度，用以熨平一生中消费支出的分布，此为第二级；由私营机构创办的自愿性的保险，此为第三级①。

通过对世界上其他主要国家养老保障制度改革的比照也可以看出，福利国家模式行不通，而国家包办的社会养老保险等养老保障项目也使得各国已经陷入或即将陷入财务危机，甚至威胁到国民经济的发展与国家经济安全。社会养老保险制度具有不可持续性。而随着人口老龄化形势的日益严峻，在未来的时间里，进行我国养老保障体制的改革也是大势所趋。而改革的方向必然是减少国家在居民养老保障过程中的支付力度，更多地强调居民个人保障。当然，毋庸置疑，国家对于居民养老具有有限责任，人具有生存权利，国家有义务保障国民的基本生存权利，对于无法实现个人养老的老年居民，国家需要为其提供基本的生活保障。

而国际上，如玻利维亚、智利、巴西以及阿根廷等拉美国家的养老保障改革，均建立了世界银行所倡导的提供最低水平保障的非缴费型“零支柱”，这对我国养老保障制度的改革具有重要借鉴意义。玻利维亚于1996年通过养老金法规定为所有在1995年12月31日之前满21岁的公民，在

① 刘昌平，可持续发展的中国城镇基本养老保险制度研究，中国社会科学出版社，2008年11月：66－71页。

年满65岁后提供一种叫作BONOSOL的非缴费型养老金，而到2039年将是最后一批获益者，待这些人去世后，制度将关闭。养老金的领取金额相当于人均收入的25%，极端贫困人口平均收入的85%。之后几年养老金支付出现了拖欠等问题，直到2006年，新政府承诺从财政中安排资金支付部分养老金。

巴西从20世纪60年代初期开始，就陆续建立了针对不同人群的非缴费型养老金制度，如针对农业部门的高龄老人、淘金者、渔夫以及城市贫困老人等。到1995年为止，巴西初步建立起了比较全面的非缴费型养老金体系，包括针对农村所有居民的PR计划（新型农村养老金计划），以及针对部分城镇居民的BPC计划（新型社会辅助养老金计划）。前者是针对男性60岁、女性55岁以上的农业部门老人，养老金支付标准达到了最低工资的50%以上；后者是针对生活在城镇、家庭人均收入低于最低工资四分之一的67岁及以上老年和残疾人口，支付标准为最低工资的50%。而受益资格采取选择性原则，每两年进行一次家计调查。

20世纪50年代以来，针对难以为继的缴费型养老金制度，智利开始探索进行养老金私有化改革，建立个人账户制的缴费型养老金制度，实行了最低养老金补贴以及辅助养老金等。2008年，智利通过了“团结养老金”计划，将之前建立的最低养老金补贴和辅助养老金合二为一，形成非缴费型的所谓“团结养老金”，2009年养老金的支付标准为158美元，远高于95元的城市贫困线标准，受益人的确定采取家计调查的方式选取①。

以上三国养老金改革实践表明，非缴费型“零支柱”养老金制度由于受益人确定的严格、领取者相对较少以及受益标准较低等特点，整个制度

① 以上三国养老金制度内容的介绍参考：唐俊，拉丁美洲国家享老金制度的成本分析，拉丁美洲研究，2010年10月：68－72页，以及相关网页信息整理得到。

的财政成本较低。而这种制度对体现社会保障的公平性、减少绝对贫困等方面具有良好的效用。但这些国家的养老保障制度不止包含“零支柱”，还没有摆脱发展和完善其他缴费型社会养老保险制度。养老保险顶层设计，应该围绕的基本内容至少应包括5个部分：一是明确发展目标，即养老保险要追求制度统一、均衡责任负担、保障适度水平、完善多层结构、维护公平公正；二是确定多层次架构及其功能定位。即以基本养老保险为根本，辅之以企业年金或职业年金，积极发展商业保险，建立起多层次的保障体系；三是均衡责任主体的负担，即政府、用人单位与参保者个人的负担相对均衡，同时逐步降低用人单位缴费费率；四是尽快实现基础养老金全国统筹，以更高层次社会统筹充分体现社会公平；五是设计合理过渡方案，为实现顶层设计目标提供操作依据①。

本书认为我国社会养老保障的改革方向是：居民养老主要采取个人保障的方式，个人保障可以通过自我储蓄、商业养老保险以及家庭保障等多种方式实现，而国家只负责提供最低社会养老保障。所谓最低社会养老保障制度，与世界银行倡导的五支柱养老保障制度中的“零支柱”以及唐俊（2011）所谓享老金制度大抵一致，即指无须缴费，由公共财政出资为满足领取最低养老金条件的居民提供的最低养老保障金制度。

应该实行多支柱的养老保障模式：社会保障+商业保险+个人保障相结合。社会保障即国家仅承担有限责任，实行最低社会养老。建立多层次的保险制度，借鉴世界银行“三支柱”、“五支柱”养老保险理论以及发达国家的成功经验，建立符合中国国情、具有中国特色的“多层次”的社会养老保险模式，具体为：第一层，建立由国家财政作为保障的、旨在保障

① 制度走向成熟 养老保险可靠（政策解读·聚焦中央经济工作会议），人民网，http：//finance. people. com. cn/n1/2016/1223/c1004－28970720. html

所有国民最基本生活的基本养老保险制度；第二层，建立由供职单位提供资金作为保障的职业年金和企业年金制度；第三层，建立非强制性的商业养老保险制度；第四层，建立家庭成员间互济以及个人储蓄的补充性养老保险制度。

最低社会养老体现了国家在国民养老问题上具有的不可推卸的、有限的责任，实现社会养老的收入再分配功能，体现了财政的公共性，同时体现了社会范围内的公平原则。养老模式主要是个人养老保障，强调自我养老保障意识，和个人在保障自己老年生活上的责任。自己的钱自己花最有效率。个人保障可以通过家庭保障、自我储蓄以及商业养老保险等方式来实现。两者结合，既维护了人权，特别是保障人的生存权的基本要求，又体现了社会互济以及公平与效率相结合的原则。

4.5 中国实行最低社会养老的具体路径探讨

根据我国的实际情况，最低社会养老保障制度的实现途径可以考虑与最低生活保障制度相结合，实行兼济养老型最低生活保障制度。部分居民生活困难，离开社会救助便不能生存，政府为了保障这部分居民的生存权利，于是设立了最低生活保障制度。最低生活保障制度是政府依法对陷入绝对贫困的人口实施基本生存保障的一项社会救济制度，西方称之为贫困线制度。最低生活保障制度中的“最低生活”是指人民在社会经济发展的特定阶段上处于最低消费水平，仅能维持基本生存需求，即维持个体生命延续的一种生存状况①。兼济养老型最低生活保障制度就是将贫困到无法实现个人养老，满足最低社会养老保障制度规定的最低养老金领取条件的退休人群纳入最低生活保障体系，作为最低养老保障层次和养老方面的最后一道“安全网”，按照最低生活保障的标准予以其最低养老保障。最低社会养老保障制度规定的最低养老金领取条件同最低生活保障的领取条件，只不过是针对年龄达到60岁及以上的老年人口。这样，在最低生活保障制度中，纳入针对老年贫困人口的最低养老金制度，同时，养老金的支付与最低生活保障采取相同标准。

我国当前社会养老保障体系涵盖机关事业单位离退休养老金、城镇职工基本养老保险以及城乡居民养老保险三大部分。以上三种制度已经形成的参保人的受益资格和受益标准不可更改，制度即便改革或取消，也不能免去国家作为制度制定者和实施者的最后兜底责任，因此，在从当前养老保障制度转轨到仅实行最低社会养老保障制度所形成的转轨成本理应由国家财政负担。

至于如何转轨，可以由国家制定制度，采取相应措施将现有养老保险制度与商业养老保险相衔接，鼓励商业养老保险发展，对于已经参保到养老保险制度中的个人，可以自愿选择，或选择取得当前已积累的权益；或者选择将已参加的养老保险过渡到商业养老保险体系中，之后按照商业养老保险模式参保，国家给予一定的过渡补偿。

而兼济养老型最低生活保障制度，除去之前已经形成的最低生活保障制度的相关规定保持不变，核心问题是科学确定该制度的受益人和养老金的领取标准。

---

① 郑邦才、王朝明、申晓梅，西南城市居民最低生活保障研究，西南财经大学出版社，2000年8月：1页、68页。

第一，受益人的确定。最低社会养老制度的制定，首先要确定谁是这一政策受益者，即社会政策中的“目标定位”问题，目标定位的经典性争议是围绕普享性和选择性展开的，普享性原则是指社会福利作为一项基本权利，所有具有公民资格的人均应享受；选择性原则则是根据个人的需要来确定受益资格①。最低社会保障制度应该遵照最低生活保障制度，坚持选择性原则。

第二，最低养老保障金领取标准的确定。最低生活保障制度规定城市居民最低生活保障标准由各地政府自行确定，本着既保障基本生活，又有利于克服依赖思想的原则，按照当地基本生活必需品费用和财政承受能力，实事求是地确定保障标准。最低生活保障是用以维持贫困居民基本生存需求，而不是用来改善生活的。最低生活保障标准的上限是不超过当地最低工资线。

而根据最低生活保障制度设计，考虑到我国各地、城乡间经济发展水平和生活水平的差异，将城镇居民与农村居民分开，不同地区分开，采取不同的标准来实施。最低社会养老也应遵照最低生活保障这一原则，对城市无法实现个人养老的老年人口按最低养老保障的标准进行全额或差额救助，城市居民最低养老保障的标准，按照当地维持老年人基本生活的衣、食、住、行等费用，同时结合实际情况予以确定；农村最低养老保障的标准由县级以上地方政府按照能够维持当地农村老年人口基本养老需要的各项费用进行确定。并且不论城市老年人还是农村老年人的最低养老保障标准都应随着生活必需品价格变化以及人民生活水平的不断提高而适时调整。

① 顾昕，中国社会安全网的制度建设，浙江大学出版社，2008年11月：3-4页。

第 5 章

养老金缺口与国家经济安全关联研究初探①

社会保障制度是维护国家经济安全的一项重要经济手段，其发展情况是影响经济安全的重要因素之一，社会保障与国家经济安全两者结合研究具有重要的现实和学术意义。国家经济安全属于国家基本战略范畴，随着社会生产力的迅猛发展，全球化、信息化时代到来，各国经济交往越来越密切、经济环境复杂多变，国家经济安全像传统的军事安全一样在一国安全战略中扮演着越来越重要的角色。1994 年，美国时任总统克林顿在国家安全战略报告中，首次将经济安全确定为国家安全战略三大目标之一（另外两项目标是军事安全和全球民主化）。中国、俄罗斯、日本、印度等国也越来越注重经济安全在其国家战略中的地位和作用。

国家经济安全是一个具有严格国别性的概念，对于不同国家、不同时期而言，其国家经济安全具有不同的内涵和特点，因此研究经济安全问题应遵守“外部着眼，内部着手”的原则，即从可能的外部冲击出发来分析一国经济内部存在的问题，并将两者有机结合起来。按照这一原则，当前中国国家经济安全的内涵应界定为通过加强自身机制建设，使我国经济具

① 顾海兵、刘杨，社会保障与国家经济安全的关联研究评述与前瞻，学术研究，2011 年第 9 期：76 – 84 页。

备抵御外来风险冲击的能力，以保证我国经济在面临外在因素冲击时能继续稳定运行、健康发展①。从传导途径来看，经济安全问题可以区分为直接经济安全问题和间接经济安全问题，直接经济安全问题系指某些对外要素的变化直接导致对国家经济安全的威胁，如贸易摩擦频发与产业对外依存度提高等；间接经济安全问题系指国内某领域出现问题，通过一定的传导渠道，导致某些对外要素发生变化，进而在某些外部冲击的诱发下，影响国家经济安全。从操作的层面上看，经济安全问题又可以分为安全条件问题和安全能力问题，所谓安全条件问题系指衡量我国国家经济安全所面临的经济风险程度，包括产业、环境、外贸等方面的安全程度；安全能力问题则是考虑我国经济系统应对风险的能力，如金融风险应对能力、社会风险应对能力以及国家经济保障能力等方面。

从世界范围来看，经济全球化、人口老龄化问题愈演愈烈。20世纪90年代以来，经济全球化进程加快，经济全球化推动了全球生产力发展，加速了世界经济增长，与此同时，也加剧了国际竞争，增加了国际风险，特别是2007年8月开始席卷美国、欧盟和日本等世界主要金融市场的美国次贷危机的爆发，更是突显了经济全球化给世界各国带来的经济安全隐患。而目前，全世界60岁以上老年人口总数已达6亿，有60多个国家的老年人口达到或超过人口总数的10%，进入人口老龄化社会行列，社会保障问题也越来越受到各国政府和学术界的关注。

从我国来看，中国经济首先是大国经济，经济总量上，1978－2017年中国国内生产总值从3645亿元增长至827122亿元②，30年来，GDP居世

① 顾海兵、沈继楼，中国经济安全分析：内涵与特征，中国人民大学学报，2007年2月：79－85页。

② 中华人民共和国2017年国民经济和社会发展统计公报，http：//www.stats.gov.cn/tjsj/zxfb/201802/t20180228_ 1585631.html

界的位次由第10位上升到第2；其次，中国经济是转轨经济，所有制改革取得进展、经济结构进行了重大调整，初步建立了市场经济体制；再次，中国经济是欠发达经济，中国经济距离世界先进水平的差距仍然很大，我国的产业结构仍然是以劳动密集型产业为主，科技研究成果与现实生产的结合也不紧密。由于中国经济的这些特点，导致中国经济社会在发展上很不均匀，有些就是明显的歧视。比如，我国当前的社会保障制度就存在深度歧视，机关与非机关之间、企业与非企业之间、城市和乡村之间、东部与中西部之间、国企与私企之间、垄断国企与一般国企之间社会保障的标准差异很大。结果导致一部分人没有任何保障，多数人有少量保障，极少数人被过度保障。而城乡差别是社会保障深度歧视的典型。有专业人士估算，即使不计失业保障，我国社会保障资金的需求缺口也至少在10万亿左右①。

社会保障和国家经济安全问题是一国所面临的重大现实问题，国际上针对国家经济安全问题的研究可以追溯到20世纪60年代，而到了20世纪90年代，该问题更是受到越来越多的关注。学术界针对经济安全问题的研究，主要是从经济安全的内涵、主要涵盖领域、安全状况监测与预测以及维护国家经济安全的战略措施几个角度展开的；社会保障问题更是有着悠久的历史，学术界针对社会保障的研究也是由来已久，研究的范围也相对宽泛，有从社会保障中社会保险各个组成部分，如养老、医疗、失业保险等展开的研究，也有针对国别社会保障的总体研究等等。总之，国内外学者从不同的角度，用不同的方法对社会保障和国家经济安全问题展开了广泛、深入的研究。然而笔者发现，基本没有将两者结合起来的研究，社会保障研究中涉及国家经济安全要素，以及国家经济安全研究中涉及社会保

① 腾讯网 http：//finance. qq. com/a/20100827/003663. htm

障要素屈指可数。以下部分从养老金缺口的视角，展开针对我国社会保障与国家经济安全相关关系的前瞻性论述。

5.1 养老金缺口影响国家经济安全路径的前瞻思考

社会保障和国家经济安全是息息相关的，从国家经济安全的范畴来看，社会保障涉及间接经济安全问题，属于安全能力的部分。社会保障是维护国家安全的经济手段。当然，社会保障制度也需要根据各国的不同国情、不同经济发展时期、水平而相应、适度的发展，并且在一国的不同发展阶段相应的呈现不同的问题和特点。根据中国的现实情况，社会保障基金缺口这一问题可能会影响国家经济安全能力，进而影响国家经济安全。

社会保障基金缺口系指社会保障基金的需求总额与现行体制下所能筹集的基金总额之间的差额，是我国社会保障制度一个不容忽视的问题。据有关专家测算，目前我国社保基金缺口达到 10 万亿元。从社会保障基金缺口的视角看，社会保障基金缺口将会影响国家经济安全能力。社会保障基金是国家依法为实施社会保障制度建立的专款专用的资金。社会保障基金按不同的社会保障项目分，包括社会保险基金、社会救济基金、社会福利基金和社会优抚基金等。其中社会保险基金是社会保障基金中最重要的组成部分，社会保险基金按照基金的用途分又可以分为养老保险基金、失业保险基金、医疗保险基金、工伤保险基金和生育保险基金等，养老保险基金数额最大，在整个社会保险制度中占有十分重要的地位。单从养老保险基金来看，形成缺口的原因也是多方面的，既包括供给方面的，也包括需求方面的原因，具体的比如历史欠账，人口老龄化等。养老保险基金缺口对国家经济安全的影响机制可以简单由下图表示。

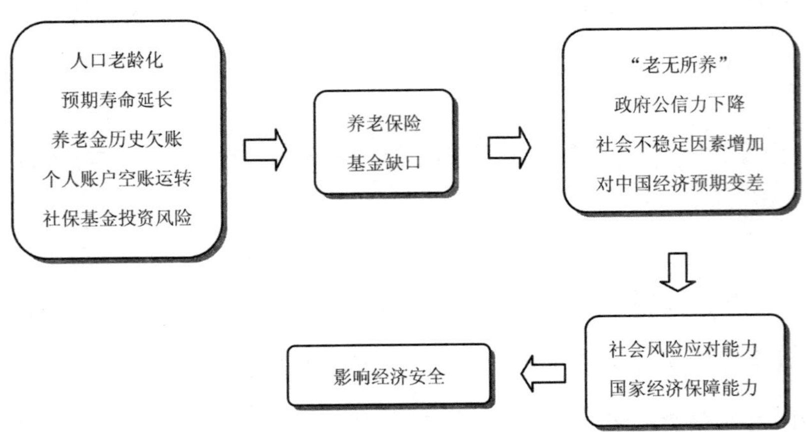

图5－1 养老保险基金缺口对国家经济安全的影响机制

按照国际惯例，一个国家60岁以上老年人口数占总人口数的10%，或65岁以上老年人口数占总人口数的7%，就表明该国进入老龄化社会。我国从1999年开始进入老龄化社会，截至2009年底，我国60岁以上老年人口总数达1.67亿，80岁以上高龄老人达到1899万①。我国人口老龄化呈现基数大、速度快的特点，人口预期寿命延长，高龄化趋势明显。加之社会统筹养老金曾被国家挪用、调用，养老保险从现收现付制向统账结合的部分积累制转轨的过程中，产生了历史欠账，个人账户资金被用来当期支付，空账严重。另外社保基金理事会所掌管的社保基金在海内外投资过程中也面临着一定的风险，这一系列因素将会导致养老保险基金缺口问题愈演愈烈。据有关学者测算，到我国老龄化高峰的2030年，离退休人员将达到全国职工总数的50%，这就意味着在职职工的养老金缴费率将由目前

① 腾讯网 http：//news. qq. com/a/20101108/000337. htm？pgv_ ref = aio

的20%急剧上升为50%，这必然会加大中国的养老金缺口①。2005年初人力资源与社会保障部（当时叫劳动与社会保障部）向国务院提交的报告指出中国在未来30年将会产生6万亿元的养老金缺口。

面对如此巨大的养老保险基金缺口，国家必然会加大财政投入力度，采取诸如推迟法定退休年龄、提高缴费率、国有股减持、征收社会保障税等可能的措施。从国家的角度看，国家加大养老金的财政投入，可能增大财政赤字、增发国债，也可能导致货币供给增加，从而加大了发生通货膨胀的可能性；从企业的角度来看，如果政府完全用税收来弥补缺口，将会增加企业税负，如果政府采用发行特种国债的方式来弥补缺口，会导致民间资金供给减少，利率上升，企业融资更为困难且成本加大，对各类企业、特别是经营业绩较差的中小企业的发展产生极大影响；从个人的角度看，不可否认的，广大退休人员仍然很可能面临“老无所养”的境地，在职人员也会因此而恐慌。这一系列问题严重到一定程度，必然导致政府公信力极大的下降，经济增长放缓，社会不稳定因素增加，从而影响政治稳定，导致国内外对中国经济预期的变差，进而影响某些对外因素的变化，这一切均对我国社会风险应对能力以及国家经济保障的能力提出了考验，对国家经济安全构成威胁。

以上仅从我国养老金缺口视角初步探讨了社会保障与经济安全的相关关系，实际上养老金缺口对一国经济安全可能产生影响的传导机制在中国以外的其他一些国家同样存在。笔者现采用法国养老金改革引起的一系列罢工事件这一典型案例进行说明。法国的人口老龄化趋势十分明显，同时随着退休人口大量增加，工作人口减少，养老金短缺问题越来越严重。据

① 陈少晖，费改税：填补社会保障基金缺口的理性选择，福建税务，2003.8：20－22页。

估计，2010 年的赤字在 107 亿欧元左右，明显高于 2008 年的 56 亿欧元和 2009 年的 82 亿欧元。法国政府有关机构甚至预测，2015 年的赤字将达 400 亿欧元，2050 年的赤字将达 1140 亿欧元①。弥补养老金缺口的惯用做法是财政拨款，养老金缺口占一国财政收入的比重无疑是一项重要数据。由于没有找到完整的近几年法国养老金缺口和财政收入数据，笔者采用估算的方式，根据笔者从 IMF、国家财政部、国家统计局等相关网页以及《国际统计年鉴》《中国统计年鉴》查到的部分年份法国财政收入和 GDP 数据，从相关机构测算的 2008 - 2010 三年法国养老金缺口的数据可以看出，法国养老金缺口约以每年 35 亿美元的速度增加，估算可得 2007 - 2010 各年法国养老金缺口占财政收入的比重分别为 0. 39%、0. 63%、0. 87% 和 1. 27%（其中欧元数据按 2011 年 1 月 24 日汇率折合成美元：1 欧元 = 1. 3596 美元）。由此可见，养老金缺口占财政收入的比重约以每年超过 0. 2 个百分点的幅度增大，并且随着缺口的扩大，增加的幅度也存在增大的可能。

为缓解这一问题，2010 年 10 月法国议会通过了退休制度改革法案，该法案主要包括两个内容，一是将最低退休年龄从 60 岁提高到 62 岁，二是将可领取全部养老金的退休年龄从 65 岁提高到 67 岁。而这一制度改革引发了一系列全国性大罢工，在抗议中还发生了严重冲突事件，扰乱民众正常生活，影响社会稳定、政治稳定，政府公信力下降。实际上早在该法案改革没有通过的 2010 年初，英国路透社就报道了一家民调机构的调查结果，选民担忧法国经济疲弱，并且不满萨科齐的执政风格，有 65% 的法国受访民众不希望萨科齐参加 2012 年的法国总统大选②。种种情况导致了国

① 新华网 http：//news. xinhuanet. com/world/2010 - 04/26/c_ 1256414. htm

② 新华网 http：//news. xinhuanet. com/world/2010 - 04/26/c_ 1256414. htm

内外对法国经济预期变差，进而可能引起某些对外因素的变化，这一切均对法国的社会风险应对能力以及国家经济保障能力形成了严峻的挑战，考验国家经济安全能力。

5.2 国家经济安全指标体系中养老金缺口相关指标的设置①

国家经济安全战略的设计要具有一定的时效性，在不同时期要根据当时国内外的经济形势而选取不同的战略重点，而战略的内容要涵盖当前或未来一段时间内对国家经济安全影响重大的经济领域。只有科学合理的选取经济安全指标，并对其进行准确的评价，才能从全局上把握国家经济安全的态势，而这也正是制定国家经济安全战略的必要前提。当前随着养老金支付危机不断加重，以及人口老龄化、高龄化极速发展期的到来，养老金缺口必然成为影响国家经济安全的重要因素。因此在国家经济安全监测评估指标体系中加入养老金缺口相关的指标具有现实意义。这就涉及到用哪些指标反映养老金缺口对国家经济安全的影响、指标相关数据如何取得，以此来测得国家经济安全的级别的问题。本文以下部分将首先进行文献综述，然后再进行相应指标的设置。

以下研究是在顾海兵等（2006）研究的基础上展开的，中国国家经济安全常规监测评估指标系统包括经济安全常规监测评估指标体系和国家经济安全类型评定系统。经济安全常规监测评估系统分为安全条件指标系统和安全能力指标系统两个子系统，其中安全条件指标系统用以衡量我国国

① 顾海兵、刘杨，国家经济安全指标应增加养老金缺口，财政研究，2012年第3期：50－53页。

家经济安全所面临的经济风险，而安全能力指标则主要考虑我国经济系统应对危机的能力。安全条件指标系统由 A、B、C、D、E、F、G、H、I 等 9 个子系统组成，采用了 34 个定量指标、5 个定性指标；安全能力指标系统只有一个子系统 J，但有 8 个小系统，共有 12 个指标，其中 6 个指标通过指标值的变化趋势计算安全系数得分，另外 6 个是定量计算指标，具体指标设置见下表①。

表 5-1　国家经济安全监测评估指标体系

安全条件指标体系	
定量指标体系	
A 经济空间安全	
A1 产业安全	C13 城镇居民最高组与最低组的收入之比
A11 重点行业安全	C2 城镇登记失业率
A12 生产资料与粮食安全	C3 社会养老保障
A13 商品安全	C31 养老保障广义缺口占财政收入比重
A14 服务安全	C32 狭义养老金缺口财政承受系数
A2 环境安全	D 外生角度
A21 环境污染治理投资在 GDP 中所占比重	D1 对外贸易
A22 环境污染事故造成经济损失占 GDP 比重	D11 按照贸易类别加权的外贸易综合依存度
B 地理空间	D12 按照国别加权的综合外贸依存度
B1 东中西部人均收入的差异	D13 我国的出口综合集中度
B2 东中西部地区对外贸易依存度集中度	D14 我国的进口综合集中度
B3 东中西部地区对外资的相对依赖程度	D15 我国对外资的综合依赖度

① 顾海兵、李宏梅、周智高，我国国家经济安全监测评估系统的设计，湖北经济学院学报，2006 年 9 月，第 4 卷，第 5 期：5-15 页。

续表

定性指标体系	
C 问题和主体	D16 我国的外资综合集中度
C1 收入分配	D2 贸易摩擦
C11 基尼系数	D21 国外对华反倾销新立案件数占全球反倾销新立案件总数的比重
C12 城乡居民收入差距	
E 人们对经济发展的预期	H 国际及国内机构对国家经济安全的判断
F 对经济安全的抽样调查	I 体制、秩序、应急机制健全
G 居民对经济安全的承受能力	
安全能力指标体系	
J1 金融风险应对能力	J31 我国 GDP 占世界总量的比重
J11 外汇储备/短期外债	J32 我国 GDP 的增长速度
J12 外汇储备支撑进口时间	J33 能源保证系数
J13 外债偿债率	J4 国防规模综合实力
J2 社会风险应对能力	J5 政府效能
J21 社会保障支出占财政支出比重	J6 企业竞争能力
J22 财政收入增长速度	J7 环境可持续性指数
J3 国家经济保障能力	J8 技术保障能力

上文已述，养老金缺口影响国家经济安全的传导机制是养老金缺口问题本身以及政府可能采取的弥补缺口的措施，很可能引发严重的经济社会问题，从而导致政府公信力下降、经济增长放缓、社会不稳定因素增加等，从而影响政治稳定，导致国内外对中国经济预期的变差，进而影响某些对外因素的变化，从而对我国社会风险应对能力以及国家经济保障的能力提出了考验，对国家经济安全构成威胁。可见，养老金缺口涉及间接经济安全问题，分属安全条件和安全能力两个部分，安全条件是考察养老金缺口的严重程度，以全面评价国家经济安全面临的风险，安全能力则是考

察国家财政是否有足够的资金以弥补缺口，是否对缺口有足够的承受能力。

因此，考虑在国家经济安全指标体系中加入养老金缺口相关指标，也需要从安全条件指标和安全能力指标两个体系分别考虑。其中养老金缺口导致经济安全面临风险加大，属于安全条件问题，对于安全条件指标，其数值越大，表明安全度越小；而国家财政对养老金缺口的承受度则是从安全能力指标来体现，对于安全能力指标，其数值越大，说明安全保障能力越强。

本书在安全条件子系统 C 下增设“C3 社会养老保障”小系统，作为“问题和主体”子系统下，当前较为严重的问题之一体现，下设两个指标，分别是“C31 养老保障广义缺口占财政收入比重”和“C32 狭义养老金缺口财政承受系数”。之所以选取这两个指标，主要是当前及未来问题最为突出的是城镇职工基本养老保险金的缺口，而这一缺口指标的选取又不适合以直接数值的形式出现，因为无法衡量国家财政是否能够承受，所以需要与财政收入情况进行比较，而“狭义养老金缺口财政承受系数”刚好能很好地表达；养老保障广义缺口能够从整体上反映国家财政对养老保障体系支出情况，是笔者提出的新概念，其测算还需要进一步研究。我国现在在逐步扩大社会养老保险的覆盖范围，增加了新型农村养老保险制度、城镇居民养老保险制度等的试点工作，这意味着未来国家对养老保障体系支付的资金数量会大规模扩张，而我国财政是否有足够的承受能力，这是一个有待考究的问题。因此本文试图加入“养老保障广义缺口占财政收入比重”这一指标。

另外，本书在安全能力子系统 J 的“J2 社会风险应对能力”小系统下，增设“J22 财政收入增长速度”这一指标。财政收入持续稳定的增长，是保障国家社会风险应对能力，从而保障国家经济安全的重要条件。

至于新增指标实际数值可以根据各自计算公式，通过各年相应的数据计算获得：

狭义养老金缺口财政承受系数 = 城镇职工基本养老金当期缺口/（当年财政收入 - 上年财政收入）

养老保障广义缺口占财政支出比重 = 养老保障广义缺口/当年财政支出 * 100%

财政收入增长速度 = （当年财政收入 - 上年财政收入）/上年财政收入 * 100%

根据以上我国国家经济安全常规监测评估指标系统，在确定了系统中各指标的上警限、下警限以及权重之后，通过计算安全系数即可得出了我国目前国家经济安全的状态。中国经济安全度和每一个指标可以考虑分为7个等级：很安全、相当安全、比较安全、轻度不安全、中度不安全、严重不安全、危险或危机爆发。如果用信号灯表示则相应的为：深绿灯、绿灯、浅绿灯、黄灯、浅红灯、红灯、紫色灯。或者类似信用评级的方法用字母表示，依次为：AAA、AA、A、B、C、D、E①。此处不展开详细计算。

① 顾海兵，新范式宏观经济学，中国财政经济出版社，2005年11月：337页。

第6章

结论与研究展望

本书提出了中国养老保障广义缺口的概念，并根据中国整个社会养老保障体系所涵盖的针对不同人群的项目，包括城镇职工基本养老保险、城乡居民社会养老保险以及机关事业单位养老保险等，分别测算了各个养老保险项目的缺口值，然后综合出我国社会养老保障广义缺口数值。在此基础上，分析了国家财政对养老金缺口的承受力问题。接下来在权衡各种养老保障模式、进行国际比较以及分析解决我国养老金缺口的资金来源的基础上，探讨了解决养老金缺口问题的根本对策——实行最低社会养老，认为实行最低社会养老才是我国最理想的养老保障模式，并对其实行的可行性和具体路径进行了探讨。最后探索性地论述了养老金缺口与国家经济安全的关联机制，并针对国家经济安全指标体系中养老金缺口相关指标的设置进行了探索性的研究。

具体结论有：第一，我国养老保障制度存在不容忽视的广义缺口问题，并且随着人口老龄化进程的加剧，缺口问题日益严重；第二，养老保障广义缺口的存在，为我国财政的承受能力提出的考验，要求财政收入必须保持高速增长，才有可能满足养老保障广义缺口的需求。而我国财政收入增速始终过快于GDP增速，随着我国经济总量的不断扩大，经济结构的不断调整，财政收入是否始终能保持当前的高速增长具有很大的不确定性，加之，财政收入增量也许不止用于满足养老缺口这一项支出，所以财政是否能够承受不断扩大的养老金缺口问题，有待进一步考究；第三，综合分析世界各国的养老保障实践可以看出，但凡在国民的养老保障上承担过多责任的国家，特别是欧洲一些福利国家，都不同程度地遇到了财政支付危机，许多国家也都相应的进行了养老保障制度的改革，纵观各国改革，大方向是减少国家在国民养老保障制度上的负担，减轻国家的责任，更多地强调个人保障在养老保障中的作用。而我国的养老保障缺口情况，也说明了改革社会养老保障制度势在必行。而本书认为相对可行的社会养老保障模式是最低社会养老，国家承担有限责任，个人保障为主要养老保障方式。而最低社会养老制度的推行，还有待进一步研究和测算；第四，社会保障制度与国家经济安全具有关联性，而将两者结合展开研究，具有重要的意义。本书探索了养老金缺口影响国家经济安全的传导机制，并且在国家经济安全监测评估指标体系中加入了养老金缺口相关的指标。

另外，本书研究对象是我国社会养老保障制度的缺口问题，而我国的社会保障制度除养老保障之外，还有一重要的组成部分——医疗保障。疾病风险是老百姓面临的基本风险之一。社会医疗保障是国家和社会根据法律规定，为参保者提供患病时的基本医疗而建立的社会保险制度。我国的社会医疗保障制度由基本医疗保险和大额医疗救助、企业补充医疗保险和个人补充医疗保险三个层次内容。随着新型农村合作医疗制度和医疗救助制度在全国范围内实施，我国社会医疗保障制度覆盖范围空前扩大，目前已经覆盖 12.55 亿城乡居民①。除此之外，不考虑针对不同人群的医疗保

---

① 何文炯、杨一心，“十二五”医疗保障：更加公平更为有效，中国医疗保险：11 - 13 页。

障制度导致的待遇差距，整体来看医疗保障的待遇相较过去而言逐步提高，伴随着人口老龄化问题日益突出，医疗保障制度的基金支付压力也会相应地增加，加之历史债务问题没有得到良好的解决，当前部分人群的公费医疗制度依旧存在，并且“骗保”现象严重，医疗保障制度也将面临严重的财务危机。

社会医疗保障和养老保障是相互联系、相互影响、密不可分的两个不同的社会保障系统。养老保障可以细分为不同的保障内容：衣食住行、健康和其他福利等，这样就可以区分出养老保障的主要项目：基本生活、基本健康及基本福利。基本健康保障就涉及到医疗保障问题。现实生活中，老年人的医疗支出占整个养老支出中很大一部分。为了更好地兼顾老年人的养老和医疗需要，青岛、广东等多地开展了社区医疗养老相结合的模式，如养老机构与社区医院合作，养老服务机构自身增设医疗机构等，在此类医疗机构就医所产生的费用，部分地区已经可以走医保。也就是说，国家为公民提供的养老保障资金，除了本书所涉及到的各项养老保险制度中国家财政负担的部分以外，老年人的社会医疗保险中，国家负担的部分也应算在本书所指的养老保障广义缺口范围内。而本书在测算中国整个社会养老保障体系产生的广义缺口过程中，并没有针对这一部分缺口进行测算，自然低估了广义缺口的实际值，这也正是未来可以继续研究的部分。

同时，本书研究的养老保障广义缺口中没有涉及养老保障制度实施的行政成本问题，而随着我国社会养老保障制度不断发展完善，例如近年增加的新型农村社会养老保险以及城镇居民社会养老保险等新项目，势必会增加社会保障的行政成本，而本书并没有将其考虑在内。并且城镇职工基本养老保险部分，个人账户的空账部分，也没有计算在内。以上均是未来研究中需要完善的部分。

另外，本书仅是针对我国当前养老保障广义缺口的测算，还可以对未来我国养老保障广义缺口情况进行预测，可以采用情景预测的方法，对未来一段时间的养老保障广义缺口进行测算，并同时测算我国财政的承受能力。

参考文献

[1] 包学雄 民族自治区的养老保险（2006－2020）：国民经济学视野［M］中国经济出版社 2006 年

[2] 财政部办公厅 财政支出结构优化与支出效率［M］经济科学出版社 2001 年

[3] 曾毅 中国人口分析［M］北京大学出版社 2004 年

[4] 陈共 财政学（第六版）［M］中国人民大学出版社 2009 年

[5] 陈之楚 中国社会养老保障制度研究［M］中国金融出版社 2010 年

[6] 丛树海 财政支出学［M］中国人民大学出版社 2002 年

[7] 邓大松 林毓铭 谢圣远 社会保障理论与实践发展研究［M］人民出版社 2007 年

[8] 邓大松 刘昌平 新农村社会保障体系研究［M］人民出版社 2007 年

[9] 邓大松、刘昌平 改革开放 30 年：中国社会保障制度改革回顾、评估与展望［M］中国社会科学出版社 2009 年

［10］邓子基 陈工 财政学［M］中国人民大学出版社 2010 年

［11］董克用 王燕 养老保险［M］中国人民大学出版社 2000 年

［12］段家喜 养老保险制度中的政府行为［M］社会科学文献出版社 2007 年

［13］多吉才让 中国最低生活保障制度研究与实践［M］人民出版社 2001 年

［14］方向新 中国人口安全报告［M］红旗出版社 2009 年

［15］费孝通 江村经济 中国农民的生活［M］商务印书馆 2001 年

［16］顾海兵 实用经济预测方法（修订版）［M］中国人民大学出版社 2005 年

［17］顾海兵 新范式宏观经济学［M］中国财政经济出版社 2005 年

［18］顾昕 中国社会安全网的制度建设［M］浙江大学出版社 2008 年

［19］郭庆旺、赵志耘 财政学［M］中国人民大学出版社 2002 年

［20］国家人口发展战略研究课题组 国家人口发展战略研究报告［M］上中下三册 中国人口出版社 2007 年

［21］黄必红 养老金制度［M］中国劳动社会保障出版社 2008 年 1 月

［22］科林·吉列恩 杨燕绥等译 全球养老保障：改革与发展［M］中国劳动社会保障出版社 2002 年

［23］劳伦斯·汤普森 孙树菡译 老而弥智——养老保险经济学［M］中国劳动社会保障出版社 2003 年

［24］雷家骕 国家经济安全理论与方法［M］经济科学出版社 2000 年

［25］李本公 中国人口老龄化发展趋势百年预测（中方案）［M］华龄出版社 2007 年

［26］李崇淮 黄宪等 西方货币银行学［M］中国金融出版社 1998 年

[27] 李连友 基本养老保险制度中政府作用研究 [M] 湖南人民出版社 2004 年

[28] 李珍 社会保障理论（第二版）[M] 中国劳动社会保障出版社 2010 年

[29] 李仲生 人口经济学（第二版）[M] 清华大学出版社 2009 年

[30] 梁鸿 赵德余 人口老龄化与中国农村养老保障制度 [M] 上海世纪出版集团 2008 年

[31] 梁朋 公共财政学 [M] 中共中央党校出版社 2006 年

[32] 廖益光 社会救助概论 [M] 北京大学出版社 2009 年

[33] 林义 养老保险改革的理论与政策 [M] 西南财经大学出版社 1995 年

[34] 刘邦驰 中国当代财政经济学 [M] 经济科学出版社 2010 年

[35] 刘斌 国家经济安全保障与风险应对 [M] 中国经济出版社 2010 年

[36] 刘昌平 可持续发展的中国城镇基本养老保险制度研究 [M] 中国社会科学出版社 2008 年

[37] 刘玲玲 公共财政学 [M] 清华大学出版社 2002 年

[38] 刘晓梅 中国农村社会养老保险理论与实务研究 [M] 科学出版社 2010 年

[39] 刘怡 财政学 [M] 北京大学出版社 2004 年

[40] 刘子兰 养老金制度和养老基金管理 [M] 经济科学出版社 2005 年

[41] 路德维希·艾哈德 丁安新译 大众的福利 [M] 武汉大学出版社 1995 年

[42] 罗宏斌 唐明 国家税收学（第三版） [M] 湖南大学出版社 2008 年

[43] 马尔科姆·H·莫里森 张学钢等译 老龄经济学——退休的前景 [M] 华夏出版社 1988 年

[44] 美国社会保障署 全球社会保障 [M] 华夏出版社 1996 年

[45] 米红 杨翠迎 农村社会养老保障制度基础理论框架研究 [M] 光明日报出版社 2008 年

[46] 米勇生 社会救助 [M] 中国社会出版社 2009 年

[47] 穆怀中 养老金调整指数研究 [M] 中国劳动社会保障出版社 2008 年

[48] 潘明星 政府经济学（第二版） [M] 中国人民大学出版社 2008 年

[49] 庞景安 现代未来研究理论方法及其应用 [M] 科学技术文献出版社 2008 年

[50] 桑贾伊·普拉丹著 蒋洪 魏陆等译 公共支出分析的基本方法 [M] 中国财政经济出版社 2000 年

[51] 申曙光 彭浩然 中国养老保险隐性债务问题研究 [M] 中山大学出版社 2009 年

[52] 史柏年 中国社会养老保险制度研究 [M] 经济管理出版社 1999 年

[53] 世界银行 童映华等译 老年保障：中国的养老金体制改革 [M] 中国财政经济出版社 1998 年

[54] 宋晓梧 中国社会保障体制改革与发展报告 [M] 中国人民大学出版社 2001 年

[55] 孙祁祥 郑伟 中国社会保障制度研究 [M] 中国金融出版社 2005 年

[56] 田雪原 21 世纪中国人口发展战略研究 [M] 社会科学文献出版社 2007 年

[57] 童星 林闽钢 中国农村社会保障 [M] 人民出版社 2011 年

[58] 庹国柱、王国军 中国农业保险与农村社会保障制度研究 [M] 首都经济贸易大学出版社 2002 年

[59] 王东进 中国社会保障制度 [M] 企业管理出版社 1998 年

[60] 王利军 中国养老金缺口财政支付能力研究 [M] 经济科学出版社 2008 年

[61] 王梦奎 中国中长期发展的重要问题：2006 – 2020 [M] 中国发展出版社 2005 年

[62] 王曙光 周丽俭 李维新 公共财政学 [M] 经济科学出版社 2008 年

[63] 王树新 中国养老保障研究 [M] 华龄出版社 2004 年

[64] 王伟奇 最低生活保障制度的实践 [M] 法律出版社 2008 年

[65] 王晓军 中国养老金制度及其精算评价 [M] 经济科学出版社 2000 年

[66] 王永县 国外国家经济安全研究与战略 [M] 经济科学出版社 2000 年

[67] 王玉华 中国财政支出结构调整与优化 [M] 上海三联书店 2009 年

[68] 韦保仁 中国能源需求与二氧化碳排放的情景分析 [M] 中国环境科学出版社 2007 年

[69] 项怀诚 养老储备基金管理——国际经验与中国实践 [M] 中国财政经济出版社 2005 年

[70] 闫坤 中国养老保障制度研究 [M] 中国社会科学出版社 2000 年

[71] 杨翠迎 农村基本养老保险制度理论与政策研究 [M] 浙江大学出版社 2007 年

[72] 杨燕绥 政府与社会保障——关于政府社会保障责任的思考 [M] 中国劳动社会保障出版社 2007 年

[73] 杨宜勇 吕学静 当代中国社会保障 [M] 中国劳动社会保障出版社 2005 年

[74] 杨宜勇 中国老龄社会背景下的退休安排 [M] 中国劳动社会保障出版社 2008 年

[75] 叶响裙 中国社会养老保障：困境与抉择 [M] 社会科学文献出版社 2004 年

[76] 尹蔚民 纪念人力资源和社会保障事业改革开放 30 年文集：1978-2008 [M] 中国人事出版社 2009 年

[77] 袁志刚 养老保险经济学 [M] 上海人民出版社 2005 年

[78] 张海星 公共债务 [M] 东北财政大学出版社 2008 年

[79] 张敏杰 新中国 60 年人口老龄化与养老制度研究 [M] 浙江工商大学出版社 2011 年

[80] 张晓峒 计量经济学软件 EViews 使用指南 [M] 南开大学出版社 2004 年

[81] 张馨 五个统筹与财政支出结构 [M] 中国财政经济出版社 2008 年

[82] 赵福昌 有中国特色的养老金体系研究 [M] 经济科学出版社

2009 年

［83］赵英 李海舰 大国之途——21 世纪初的中国经济安全［M］云南人民出版社 2006 年

［84］郑邦才 王朝明 申晓梅 西南城市居民最低生活保障研究［M］西南财经大学出版社 2000 年

［85］郑功成 社会保障学：理念、制度、实践与思辨［M］商务印书馆 2009 年

［86］郑功成 中国社会保障 30 年［M］人民出版社 2008 年

［87］郑功成 中国社会保障论［M］中国劳动社会保障出版社 2009 年

［88］郑伟 中国社会养老保险制度变迁与经济效应［M］北京大学出版社 2005 年

［89］中国现代国际关系研究院经济安全研究中心 国家经济安全［M］时事出版社 2005 年

［90］中华人民共和国财政部 中国财政基本情况［M］经济科学出版社 2009 年

［91］钟仁耀 养老保险改革国际比较研究［M］上海财经大学出版社 2004 年

［92］周绍朋 张孝德 经济安全：预警与风险化解［M］国家行政学院出版社 2005 年

［93］朱青 郭雪剑 多支柱养老体系下的公共养老金计划［M］中国社会出版社 2007 年

［94］朱青 养老金制度的经济分析与运作分析［M］中国人民大学出版社 2002 年

［95］朱青 中国社会保障制度完善与财政支出结构优化研究［M］中

国人民大学出版社 2010 年

[96]“部分国有资产划转全国社保基金问题研究”课题组 部分国有资产划转全国社保基金问题研究 [J] 经济研究参考 2006 年第 59 期 24 - 48 页

[97] 鲍海君 吴次芳 论失地农民社会保障体系建设 [J] 管理世界 2002 年 10 月 37 - 42 页

[98] 边恕 穆怀中 对我国养老金名义个人账户制及其财务可持续性的分析 [J] 经济与管理研究 2005 年第 5 期 36 - 39 页

[99] 蔡社文 未来 5 - 10 年我国财政社会保障支出趋势分析 [J] 宏观经济研究 2002 年第 4 期 53 - 57 页

[100] 曾毅 中国人口老化、退休金缺口与农村养老保障 [J] 经济学(季刊) 2005 年 7 月 第 4 卷第 4 期 1043 - 1066 页

[101] 陈鹄汀 财政收支的预测与控制 [J] 厦门大学学报 (自然科学版) 第 37 卷第 5 期 1998 年 9 月 646 - 649 页

[102] 陈少晖 费改税：填补社会保障基金缺口的理性选择 [J] 福建税务 2003 年 8 月 20 - 22 页

[103] 褚福灵 养老保险金替代率研究 [J] 北京市计划劳动管理干部学院学报 2004 第 12 卷 第 3 期 17 - 21 页

[104] 丛春霞 延长退休年龄对养老保险基金缺口的影响分析 [J] 中国发展观察 2009 年 12 期 20 - 23 页

[105] 崔志坤 朱秀变 中国近期及中期财政收入预测分析 [J] 统计与决策 2010 年第 11 期 112 - 115 页

[106] 邓大松 刘昌平 中国养老社会保险基金敏感性实证研究 [J] 经济科学 2001 年第 6 期 13 - 20 页

[107] 邓大松、薛惠元 新型农村社会养老保险制度推行中的难点分析——兼析个人、集体和政府的筹资能力 [J] 经济体制改革 2010 年第 1 期 86 – 92 页

[108] 董再平 我国行政管理费的现状及其控制 [J] 行政论坛 2008 年第 1 期 32 – 34 页

[109] 段家喜 论养老保险个人账户的缺口及其对策 [J] 保险职业学院学报 2005 年第 1 期 8 – 11 页

[110] 房海燕 对我国隐性公共养老金债务的测算 [J] 统计研究 1998 年第 4 期 61 – 63 页

[111] 冯润 分解预测法在财政收入预测中的应用 [J] 中国财政 2008 年第 13 期 51 – 53 页

[112] 高寒 情景描述法——一种技术预测方法介绍 [J] 预测 1991 年第 6 期 58 – 60 页

[113] 顾海兵 李宏梅 周智高 我国国家经济安全监测评估系统的设计 [J] 湖北经济学院学报 2006 年 9 月 第 4 卷 第 5 期 5 – 15 页

[114] 顾海兵 沈继楼 保障国家经济安全的短期对策研究 [J] 学习与探索 2010 年 1 月 135 – 138 页

[115] 顾海兵 沈继楼 保障国家经济安全的对策研究——政府机构视角 [J] 国家行政学院学报 2009 年 2 月 73 – 76 页

[116] 顾海兵 沈继楼 保障国家经济安全的中长期对策研究——基于立法视角 [J] 湖北经济学院学报 2009 年 7 月 第 7 卷 第 4 期 111 – 116 页

[117] 顾海兵 沈继楼 中国经济安全分析：内涵与特征 [J] 中国人民大学学报 2007 年 2 月 79 – 85 页

[118] 顾海兵、李宏梅、周智高 我国国家经济安全监测评估系统的设

计 [J] 湖北经济学院学报 2006 年 9 月 第 4 卷 第 5 期 5 – 15 页

[119] 郭庆旺 贾俊雪 赵志耘 中国传统文化信念、人力资本积累与家庭养老保障机制 [J] 经济研究 2007 年第 8 期 58 – 72 页

[120] 何平 养老保险基金平衡及对策研究 [J] 经济研究参考 1998 年 9 期 20 – 44 页

[121] 黄云 试论社会保障与财政 [J] 学术界 1998 年第五期 73 – 75 页

[122] 贾康 调整财政支出结构是减少养老保险隐性债务的重要途径 [J] 财政研究 2000 年 38 – 44 页

[123] 贾康 张晓云 王敏 段学仲 关于中国养老金隐性债务的研究 [J] 财贸经济 2007 年第 9 期

[124] 江时学 新自由主义、"华盛顿共识"与拉美国家的改革 [J] 当代世界与社会主义 2003 年第 6 期 30 – 33 页

[125] 姜爱林 事业单位养老保险制度改革为何困难重重 [J] 天津行政学院学报 2010 年 5 月 53 – 55 页

[126] 李丹 刘钻石 章娅玲 中国养老金隐性债务规模估算 [J] 财经科学 2009 年第 5 期 17 – 24 页

[127] 李航 张华 养老改革：全球的共同话题——养老保障制度国际比较研究 [J] 中国金融 2007 年第 19 期 34 – 35 页

[128] 李洪心 易允文 财政预测模型研究及应用 [J] 信息与控制 第 26 卷第 3 期 1997 年 6 月 215 – 220 页

[129] 李金华 国家经济安全监测警示系统的构建 [J] 中南财经大学学报 2001 年第 5 期 27 – 30 页

[130] 李强 城市农民工的失业与社会保障问题 [J] 新视野 2001 年 5

月 46－48 页

[131] 李永友 我国财政支出结构演进及其效率 [J] 经济学（季刊）2009 年 10 月第 9 卷第 1 期 307－332 页

[132] 梁尚敏 论财政承受能力 [J] 财政研究 1987 年 1 期 12－16 页

[133] 刘爱玉 杨善华 社会变迁过程中的老年人家庭支持研究 [J] 北京大学学报（哲学社会科学版）2000 年第 3 期 59－70 页

[134] 刘昌平 养老保险制度"划资偿债"战略研究 [J] 中南财经政法大学学报 2006 年第 4 期 103 页

[135] 刘翠霄 中国农民的社会保障问题 [J] 法学研究 2001 年 6 月 67－83 页

[136] 刘海宁 穆怀中 辽宁省养老保障地方财政支持能力研究 [J] 辽宁大学学报（哲学社会科学版）第 31 卷第 6 期 2003 年 11 月 114－118 页

[137] 刘书鹤 建立有中国特色的老年保障体系——论我国人口老龄化问题的基本对策 [J] 人口研究 1999 年 1 月 10－14 页

[138] 刘玮玮 农民工养老保险收支与我国养老金缺口精算分析 [J] 山东社会科学 2010 年第 5 期 109－112 页

[139] 刘志国 姜浩 社会保障财政责任的界定 [J] 北方经贸 2006 年第 2 期 14－16 页

[140] 路和平 杜志农 基本养老保险基金收支平衡预测 [J] 经济理论与经济管理 2000 年第 2 期 56－59 页

[141] 罗伯特·霍尔茨曼 理查德·汉兹等 林义 李静 译 21 世纪养老保险改革展望 [J] 经济社会体制比较 2006 年第 3 期总第 125 期 47－56 页

[142] 马海涛 曾康华 我国财政发展预测与政策选择研究 [J] 财政研究 2007 年第 7 期 42－44 页

[143] 马珺“十二五”时期的财政支出结构 [J] 经济研究参考 2011 年3期46－67页

[144] 莫龙 1980－2050 年中国人口老龄化与经济发展协调性定量研究 [J] 人口研究 2009 年5月第33卷 第3期 10－19页

[145] 年志远 李丹 国家经济安全预警指标体系的构建 [J] 东北亚论坛 2008 年11月75－76页

[146] 彭浩然 陈华 展凯 我国养老保险个人账户“空账”规模变化趋势分析 [J] 统计研究 2008 年6月63－69页

[147] 屈丽萍 毛加强 H∞ 滤波算法在国家财政收入预测中的应用 [J] 统计与决策 2008 年第21期 157－159页

[148] 十年重回原点，辽宁养老金改革受挫 [J] 改革内参 2011 年第32期47页

[149] 宋晓梧 我国社会保障制度面临的严峻形势 [J] 经济与管理研究 2001 年3月3－14页

[150] 孙祁祥“空账”与转轨成本——中国养老保险体制改革的效应分析 [J] 经济研究 2001 第5期 20－27页

[151] 唐俊 拉丁美洲国家享老金制度的成本分析 [J] 拉丁美洲研究 2010 年10月68－72页

[152] 唐俊 享老金制度的成本与效益分析 [J] 经济学动态 2011 年12期75－80页

[153] 汪朝霞 诠释与模拟：养老金隐性债务及其显性化 [J] 人口与发展 2008 年第3期47－51页

[154] 王国军 中国城乡社会保障制度衔接初探 [J] 战略与管理 2000 年2月36－44页

[155] 王国民 国家财政总收入预测方法初探 [J] 预测 1987 年第 4 期 18 - 19 页

[156] 王积全 基本养老保险个人账户基金缺口实证研究 [J] 甘肃社会科学 2005 年第 3 期 36 - 39 页

[157] 王利军 养老保险基金缺口的成因及对策分析 [J] 当代经济管理 2005 年 10 月 70 - 73 页

[158] 王燕 徐滇庆 王直 翟凡 中国养老金隐性债务、转轨成本、改革方式及其影响——可计算一般均衡分析 [J] 经济研究 2001 年第 5 期 3 - 12 页

[159] 吴进忠 财政在社会保障体系建设中的作用 [J] 经济工作导刊 2001 年 9 月第 18 期 25 页

[160] 谢伏瞻 宏观管理与中国的经济安全 [J] 管理世界 2001 年 1 月 7 - 11 页

[161] 谢洪礼 国民经济运行安全评价指标体系研究 [J] 统计研究 2000 年 7 期 11 - 19 页

[162] 谢夜香 陈芳 我国行政管理支出规模的理论分析与实践探讨 [J] 财政研究 2008 年第 6 期 42 - 45 页

[163] 闫益国 行政管理支出规模的统计分析 [J] 中国统计 2009 年第 5 期 58 - 59 页

[164] 杨翠迎 中国社会保障制度的城乡差异及统筹改革思路 [J] 浙江大学学报（人文社会科学版）2004 年 5 月 12 - 20 页

[165] 叶卫平 国家经济安全定义与评价指标体系再研究 [J] 中国人民大学学报 2010 年第 4 期 93 - 98 页

[166] 叶文振 论养老资源的自我积累 [J] 南方人口 1998 年第 1 期

42－45 页

［167］于民 我国养老保险体制改革的财政学分析［J］福建行政学院福建经济管理干部学院学报 2004 年第 1 期 42－46 页

［168］张明立 吴凤山 情景预测法——一种经济预测方法［J］决策借鉴 1992 年第 3 期 34－36 页

［169］张如海 国家经济安全观念与我国的经济安全［J］世界经济与政治论坛 2000 年 2 月 39－42 页

［170］张士铨 经济体制转型和国家经济安全相关性的思考［J］国际关系学院学报 2009 年 2 月 38－43 页

［171］赵玉川 我国经济安全监测与预警指标体系［J］北京统计 1999 年 7 期 8－9 页

［172］朱青 开拓社会保障筹资的新渠道［J］税务研究 2000 年第 8 期 28－30 页

［173］左学金 面临人口老龄化的中国养老保障：挑战与政策选择［J］中国人口科学 2001 年第 3 期 1－8 页

［174］Aaron，H. J，The Social Insurance Paradox［J］，Canadian Journal of Economics and Political Science，1996，vol. 32：371－376

［175］Andrew J. G.，On the Control of Defined－benefit Pension Plans［J］. Insurance：Mathematics and Economics，2006（38）：113－131

［176］Barro. R，Are Government Bonds Net Wealth?［J］Journal of Political Economy，1974，vol. 82 Issue 6：1095－1117

［177］Barry Friedman，et. al. 1996. How Can China Provide Income Security for Its Rapid Aging Population? World Bank，Policy Research Working Paper No. 1674

[178] Barry Friedman, How Can China Provide Income Security for Its Rapid Aging Population? World Bank, Policy Research Working Paper No. 1674. 1996

[179] Bertholdu wigger. Productivity Growth and the Political Economy of Social Security [J]. Public Choice, Vol. 106, 2001: 53 -76

[180] Charles Yuji Horioka, Japan' s Public Pension System: What' s Wrong with It and How to Fix It [J]. Japan and the World Economy. 1999, 11: 293 -303

[181] Diamond, A Framework for Social Security Analysis [J], Journal of Political Economy, 1977. 8: 275 -298 Economics [J], Vol. 12, No. 4 1999: 607 -623

[182] Eric R. Kingson, H. Schulz: Social Security in the 21st Century, Oxford University Press, 1997

[183] Estelle James, Pension reform: Is there an efficiency - epuity trade - off, the World Bank Research, 2002

[184] Gregorio Impavido, On the governance of public pension fund management, the World Bank Research, 2002

[185] Hans Werner Sinn, The Pay - as - you - go Pension System as Fertility Insurance and an Enforcement Device [J], Journal of Public Economics 2004, 88: 1335 -1357

[186] James, Estelle 2001. How Can China Solve its Old Age Security Problem? The Interaction Between Pension, SOE and Financial Market Reform, Prepared for Conference on Financial Sector Reform in China, Harvard University, September 2001

[187] Jonathan Gruber, David Wise. Social Security Programs and Retirement Around the World [R] . NBER Working Paper NO. 6134. (Aug. , 1997)

[188] Kotlikoff, L. J. , Testing the Theory of Social Security and Life Cycle Accumulation [J], American Economic Review, 1979: 396 -410

[189] Martin Feldstein, Rethinking S ocial Insurance [J], American Economic Review 95, 2005

[190] Martin Feldstein, Social security pension reform in China [J] . China Economic Review 10, 1999: 99 -107

[191] McCarthy, F. Desmond and Zheng, Kangbin, 1996. Population Aging and Pension Systems: Reform Options for China. World Bank, Policy Research Working Paper No. 1607

[192] Mulligan, 1999. Social Security in Theory and Practice (1): Facts and Political Theories [J] . NBER working paper 7118.

[193] Rodrigo A. Cerda. On Social Security Financial Crisis [J] . Journal of Population Economics, No. 3 2005, Vol. 18: 509 -517

[194] Rowena A. Pecchenino, Kelvin R. Utendorf. Social Security, Social Welfare and the Aging Population Journal of Population

[195] Samuelson, P. A. , An Exact Consumption - Loan Model of Interest with or without the Social Contrivance of Money. Journal of Political Economy, LXVI , 1958: 467 -482.

[196] The World Bank: China Pension System Reform, Document of the World Bank, 1997

[197] United Nations. World Population Prospects, The 2008 Revision.

New York: United Nations, Po pulation Division, 2009

[198] Wang Zhengyi. Conceptualizing Economic Security and Governance: China Confronts Globalization [J]. The Pacific Review, Vol. 17 No. 4 2004: 523 – 545

附录一

国务院关于企业职工养老保险制度改革的决定

国发［1991］33号

（1991年6月26日起施行）

我国企业职工的养老保险制度是50年代初期建立的，以后在1958年和1978年两次作了修改。近年来，各地区适应经济体制改革的需要，又进行了以退休费用社会统筹为主要内容的改革，取得一定成效。按照国民经济和社会发展十年规划和第八个五年计划纲要的要求，在总结各地经验的基础上，国务院对企业职工养老保险制度改革作如下决定：

一、根据我国生产力发展水平和人口众多且老龄化发展迅速的情况，企业职工养老保险制度改革要处理好国家利益、集体利益和个人利益，目前利益和长远利益，整体利益和局部利益的关系，主要是对现行的制度办法进行调整、完善。考虑到各地区和企业的情况不同，各省、自治区、直辖市人民政府可以根据国家的统一政策，对职工养老保险做出具体规定，允许不同地区、企业之间存在一定的差距。

二、随着经济的发展，逐步建立起基本养老保险与企业补充养老保险和职工个人储蓄性养老保险相结合的制度。改变养老保险完全由国家、企业包下来的办法，实行国家、企业、个人三方共同负担，职工个人也要缴纳一定的费用。

三、基本养老保险基金由政府根据支付费用的实际需要和企业、职工的承受能力，按照以支定收、略有结余、留有部分积累的原则统一筹集。具体的提取比例和积累率，由省、自治区、直辖市人民政府经实际测算后确定，并报国务院备案。

四、企业和职工个人缴纳的基本养老保险费分别记入《职工养老保险手册》。企业缴纳的基本养老保险费，按本企业职工工资总额和当地政府规定的比例在税前提取，由企业开户银行按月代为扣缴。企业逾期不缴，要按规定加收滞纳金。滞纳金并入基本养老保险基金。职工个人缴纳基本养老保险费，在调整工资的基础上逐步实行，缴费标准开始时可不超过本人标准工资的3%，以后随着经济的发展和职工工资的调整再逐步提高。职工个人缴纳的基本养老保险费，由企业在发放工资时代为收缴。

五、企业和职工个人缴纳的基本养老保险费转入社会保险管理机构在银行开设的“养老保险基金专户”，实行专项储存，专款专用，任何单位和个人均不得擅自动用。银行应按规定提取“应付未付利息”；对存入银行的基金，按其存期照人民银行规定的同期城乡居民储蓄存款利率计息，所得利息并入基金。积累基金的一部分可以购买国家债券。地方各级政府要设立养老保险基金委员会，实施对养老保险基金管理的指导和监督。委员会由政府主管领导任主任，劳动、财政、计划、审计、银行、工会等部门的负责同志参加，办公室设在劳动部门。

六、职工退休后的基本养老金计发办法目前不作变动，今后可结合工资制度改革，通过增加标准工资在工资总额中的比重，逐步提高养老金的数额。国家根据城镇居民生活费用价格指数增长情况，参照在职职工工资增长情况对基本养老金进行适当调整，所需费用从基本养老保险基金中开支。

七、尚未实行基本养老保险基金省级统筹的地区，要积极创造条件，由目前的市、县统筹逐步过渡到省级统筹。实行省级统筹后，原有固定职工和劳动合同制职工的养老保险基金要逐步按统一比例提取，合并调剂使用。具体办法由各省、自治区、直辖市人民政府制定。中央部属企业，除国家另有规定者外，都要参加所在地区的统筹。

八、企业补充养老保险由企业根据自身经济能力，为本企业职工建立，所需费用从企业自有资金中的奖励、福利基金内提取。个人储蓄性养老保险由职工根据个人收入情况自愿参加。国家提倡、鼓励企业实行补充养老保险和职工参加个人储蓄性养老保险，并在政策上给予指导。同时，允许试行将个人储蓄性养老保险与企业补充养老保险挂钩的办法。补充养老保险基金，由社会保险管理机构按国家技术监督局发布的社会保障号码（国家标准 GB11643－89）记入职工个人账户。

九、劳动部和地方各级劳动部门负责管理城镇企业（包括不在城镇的全民所有制企业）职工的养老保险工作。劳动部门所属的社会保险管理机构，是非营利性的事业单位，经办基本养老保险和企业补充养老保险的具体业务，并受养老保险基金委员会委托，管理养老保险基金。现已由人民保险公司经办的养老保险业务，可以维持现状不作变动。个人储蓄性养老保险由职工个人自愿选择经办机构。

十、社会保险管理机构可从养老保险基金中提取一定的管理服务费，具体的提取比例根据实际工作需要和节约的原则，由当地劳动部门提出，经同级财政部门审核，报养老保险基金委员会批准。管理服务费主要用于支付必要的行政和业务等费用。养老保险基金及管理服务费，不计征税费。社会保险管理机构应根据国家的政策规定，建立健全基金管理的各项制度，编制养老保险基金和管理服务费收支的预、决算，报当地人民政府在预算中列收列支，并接受财政、审计、银行和工会的监督。

十一、本决定适用于全民所有制企业。城镇集体所有制企业可以参照执行；对外商投资企业中方职工、城镇私营企业职工和个体劳动者，也要逐步建立养老保险制度。具体办法由各省、自治区、直辖市人民政府制定。

十二、国家机关、事业单位和农村（含乡镇企业）的养老保险制度改革，分别由人事部、民政部负责，具体办法另行制定。企业职工养老保险制度改革，是保障退休职工生活，维护社会安定的一项重要措施，对减轻国家和企业负担，促进经济体制改革以及合理引导消费有重要作用。这项工作政策性强，涉及面广，各级政府要切实加强领导，根据本决定的精神，结合实际抓紧制定具体的实施方案，积极稳妥地推进企业职工养老保险制度的改革。

附录二

国务院关于深化企业职工养老保险制度改革的通知

国发［1995］6号

（1995年3月17日起施行）

《国务院关于企业职工养老保险制度改革的决定》（国发［1991］33号）发布以来，各地区、各有关部门积极进行企业职工养老保险制度改革，在推进保险费用社会统筹、扩大保险范围、实行职工个人缴费制度和进行社会统筹与个人账户相结合试点等方面取得了一定成效，对保障企业离退休人员基本生活，维护社会稳定和促进经济发展发挥了重要作用。但是，由于这项改革尚处于探索阶段，现行的企业职工养老保险制度还不能适应建立社会主义市场经济体制的要求，必须进一步深化改革。根据《中共中央关于建立社会主义市场经济体制若干问题的决定》精神，经过调查研究和广泛征求意见，现就深化企业职工养老保险制度改革的有关问题通告如下：

一、企业职工养老保险制度改革的目标是：到20世纪末，基本建立起适应社会主义市场经济体制要求，适用城镇各类企业职工和个体劳动者，资金来源多渠道、保障方式多层次、社会统筹与个人账户相结合、权利与义务相对应、管理服务社会化的养老保险体系。基本养老保险应逐步做到对各类企业和劳动者统一制度、统一标准、统一管理和统一调剂使用基金。

二、深化企业职工养老保险制度改革的原则是：保障水平要与我国社会生产力发展水平及各方面的承受能力相适应；社会互济与自我保障相结合，公平与效率相结合；政策统一，管理法制化；行政管理与保险基金管理分开。

三、基本养老保险费用由企业和个人共同负担，实行社会统筹与个人账户相结合。在理顺分配关系，加快个人收入工资化、工资货币化进程的基础上，逐步提高个人缴费比例。提高个人缴费比例的幅度，由各省、自治区、直辖市人民政府根据本地区职工工资增长等情况确定。为适应各地区的不同情况，对实行社会统筹与个人账户相结合提出两个实施办法（见附件），由地、市（不含县级市）提出选择意见报省、自治区人民政府批准，直辖市由市人民政府选择，均报劳动部备案。各地区还可以结合本地实际，对两个实施办法进行修改完善。

四、为了保障企业离退休人员基本生活，各地区应当建立基本养老金正常调整机制。基本养老金可按当地职工上一年度平均工资增长率的一定比例进行调整，具体办法在国家政策指导下由省、自治区、直辖市人民政府确定。

五、国家在建立基本养老保险、保障离退休人员基本生活的同时，鼓励建立企业补充养老保险和个人储蓄性养老保险。企业按规定缴纳基本养老保险费后，可以在国家政策指导下，根据本单位经济效益情况，为职工建立补充养老保险。企业补充养老保险和个人储蓄性养老保险，由企业和个人自主选择经办机构。

六、各地区应充分考虑到养老保险制度改革是一件涉及长远的大事，对企业与个人缴纳养老保险费的比例、发放养老金的标准和基金积累率等问题，要从我国生产力水平比较低、人口众多且老龄化问题日益突出等实际情况出发，兼顾国家、企业、个人三者利益，兼顾目前利益和长远利益，在充分测算论证的基础上进行统筹安排。要严格控制基本养老保险费的收缴比例和基本养老金的发放水平，减轻企业和国家的负担。

七、要根据国家有关规定建立健全养老保险基金的预算管理和财务、会计制度，做好缴费记录和个人账户等基础工作，严格控制管理费的提取和使用，坚持专款专用原则，切实搞好基金管理，确保基金的安全并努力实现其保值增值。当前，养老保险基金的结余额，除留足两个月的支付费用外，80%左右应用于购买由国家发行的社会保险基金特种定向债券，任何单位和个人不得自行决定基金的其他用途。养老保险基金营运所得收益，全部并入基金并免征税费。

八、各地区和有关部门应积极创造条件，提高养老保险管理服务的社会化程度，逐步将企业发放养老金改为社会化发放，技术条件和基础工作较好的地区，可以实行由银行或者邮局直接发放；暂不具备条件的地区，可以由社会保险经办机构发放。社会保险经办机构也可以通过在大型企业设立派出机构等办法，对企业离退休人员进行管理服务。同时要充分发挥各方面的积极性，逐步将主要由企业管理离退休人员转为主要依托社区进行管理，提高社会化管理水平，切实减轻企业负担。

九、要实行社会保险行政管理与基金管理分开、执行机构与监督机构分设的管理体制。社会保险行政管理部门的主要任务是制订政策、规划，加强监督、指导。管理社会保险基金一律由社会保险经办机构负责。各地区和有关部门要设立由政府代表、企业代表、工会代表和离退休人员代表组成的社会保险监督委员会，加强对社会保险政策、法规执行情况和基金管理工作的监督。

十、已经国务院批准，由国务院有关部门和单位直接组织养老保险费用统筹的企业，仍参加主管部门和单位组织的统筹，但要按照社会统筹与个人账户相结合的原则进行改革。

十一、全国城镇企业职工养老保险工作由劳动部负责指导、监督，深化企业职工养老保险制度改革的工作亦由劳动部负责推动。国家体改委要积极参与，可选择一些地方进行深化改革的试点，劳动部要积极给予支持。国家计委、国家经贸委、财政部、中国人民银行等有关部门也应按照各自的职责协同配合，搞好深化改革的工作。深化企业职工养老保险制度改革是一项十分重要的工作，对于完善社会保障体系，促进改革、发展和稳定具有重要意义。各地区、各有关部门对这项工作要高度重视，切实加强领导，精心组织实施，积极稳妥地推进，务求抓出实效。对深化改革中出现的新情况、新问题，要及时认真地研究解决，重大问题及时报告。

附件一：企业职工基本养老保险社会统筹与个人账户相结合实施办法之一

一、基本养老保险费用的筹集

基本养老保险费用由单位和个人共同负担。

（一）个人缴纳养老保险费。

职工本人上一年度月平均工资为个人缴费工资基数。月平均工资应按国家统计局规定列入工资总额统计的项目计算，其中包括工资、奖金、津贴、补贴等收入。月平均工资超过当地职工平均工资200%或300%以上的部分，不计入个人缴费工资基数；低于当地职工平均工资60%的，按60%计入。个人缴费的比例。自本办法实施之日起，职工按不低于个人缴费工资基数3%的比例缴费，以后一般每两年提高1个百分点，最终达到个人账户养老保险费的50%。已离退休人员个人不缴费。个体工商户本人，私营企业主等非工薪收入者，可以当地上一年度职工月平均工资作为缴费的基数，并由个人按20%左右的费率缴费，其中4%左右进入社会统筹基金，16%左右进入个人账户。

（二）企业缴纳养老保险费。

企业按职工工资额的一定比例缴纳基本养老保险费。为渡过本地区人口老龄化高峰，各地应按照部分积累制的筹资模式，测定长期的统筹费率。目前可先按当地现行的统筹费率缴纳养老保险费，通过提高收缴率和扩大覆盖面等措施，力求统筹费率稳定在测定的标准上并有所下降，以逐步减轻企业负担。

（三）企业缴纳的基本养老保险费在税前列支，个人缴纳的养老保险费不计征个人所得税。基本养老保险基金发生困难时，由同级财政予以支持。

二、建立基本养老保险个人账户

（一）按照社会统筹与个人账户相结合的原则，由社会保险经办机构按照国家技术监督局发布的社会保障号码（国家标准GB11643－89）或居民身份证号码，为参加基本养老保险的人员每人建立一个终身不变的基本养老保险个人账户。

（二）基本养老保险个人账户按职工工资收入16%左右的费率记入，包括：

1. 职工本人缴纳的全部养老保险费。

2. 从企业缴纳的养老保险费中按个人缴费工资基数的一定比例划转记入的部分。上述两项合计为11%左右。随着个人缴费比例的提高，从企业划转记入的比例相应降低。

3. 从企业缴纳的养老保险费中按当地职工月平均工资的5%左右划转

记入的部分。

（三）基本养老保险个人账户的储存额按“养老基金保值率”计算利息。“养老基金保值率”根据银行的居民定期存款利率，并参考当地上一年度职工平均工资增长率确定。

（四）职工在同一地区范围内调动工作，不变换基本养老保险个人账户。职工由于各种原因中断工作，其个人账户予以保留。职工调动或中断工作前后个人账户的储存额可以累积计算，不间断计息。

（五）职工在不同地区之间调动工作，基本养老保险个人账户的全部储存额由调出地社会保险经办机构向调入地社会保险经办机构划转，调入地社会保险经办机构为其建立基本养老保险个人账户。

（六）职工基本养老保险个人账户的储存额，只能用于职工本人离退休后按月支付养老金，不能移作它用。

（七）职工在离退休前或者离退休后死亡，其基本养老保险个人账户的储存额尚未领取或未领取完，其余额中的个人缴费部分，按照规定发给职工指定的受益人或法定继承人；从企业缴纳的养老保险费中记人的部分，归入社会统筹基金。职工离退休后，基本养老保险个人账户的储存额已领取完毕时，由社会统筹基金按规定标准继续支付，直至其死亡。

（八）建立基本养老保险社会统筹基金。企业缴纳的养老保险费的一部分进入社会统筹基金。原有离退休人员的养老金、改革时已有一定工龄的职工离退休后的部分养老金、寿命长和收入低的职工的部分养老金，以及根据在职职工工资增长调整养老金水平所需资金，按规定从社会统筹基金中支付。

三、基本养老保险金计发办法

职工到达法定离退休年龄，凡个人缴费累计满 15 年，或本办法实施前参加工作连续工龄（包括缴费年限）满10年的人员，均可享受基本养老保险待遇，按月领取养老金；为确保职工离退休后的基本生活，又能体现本人在职期间的贡献大小和个人缴费多少，实行基本养老保险金与个人缴费的年限和数额挂钩。相应的计发办法是，以个人账户累计储存额（包括本金和利息），按离退休后的预期平均余命按月计发。鉴于在职职工以前没有实行个人缴费，有些职工实行个人缴费后不久即将离退休，因此分别不同对象，采用不同的计发办法，以使新老养老保险制度有机衔接，平稳过渡。

（一）凡本办法实施后参加工作的职工，到达法定离退休年龄离退休时，一律按基本养老保险个人账户的储存额，按月支付基本养老金。计算公式为：月基本养老金 = 基本养老保险个人账户储存额 ÷ 120

（二）本办法实施前已经离退休的人员，仍按原来的办法计发养老金，同时享受改革后的养老金调整待遇。本办法实施前参加工作、实施后3年内到达法定离退休年龄离退休的职工，在按改革前原养老金计发办法计发的同时，再按缴费期个人账户累计储存额的一定比例增发养老金。计算公式为：月基本养老金 = 按改革前原计发办法计发的养老金十基本养老保险个人账户储存额 × 增发比例。确定增发比例的原则是，使同一工资水平的职工，后离退休的养老金比先离退休的略有增加，但差距不宜太大。

（三）本办法实施前参加工作、实施3年后到达法定离退休年龄离退休的职工，其在本办法实施前的工作年限可视同缴费年限，以职工个人账户中的储存额推算出全部工作年限的储存额，再除以120，按月计发基本养老金。计算公式为：月基本养老金 = 基本养老保险个人账户储存额 × 系数 + 120。设置系数是为了推算出其全部工作年限的储存额，以及合理调整过渡期间不同人员的养老金待遇。系数根据工龄和缴费年限制定。少数职工按第（三）条计发的养老金如果低于按第（二）条计发的金额，可改按第（二）条计发。

（四）职工的离退休年龄，按现行规定不变。对国家规定可以提前离退休的从事高空、井下、高温、低温、有毒、有害工作和特别繁重体力劳动的职工，仍可按国家规定的离退休年龄执行，离退休时按本办法计发基本养老金。

（五）本办法实施后，职工获得劳动模范等称号时，由奖励单位给予一次性奖励或由本单位为其办理补充养老保险，离退休时不另外提高基本养老金计发标准。对本办法实施前获得国家规定可享受养老保险优惠待遇的劳动模范等称号的职工，离退休时仍保留优惠待遇。

（六）离退休人员养老金最低标准，由地方政府制定。凡符合按月领取养老金条件的离退休人员，养老金达不到最低标准的，可补足到规定的养老金最低标准。

（七）本办法实施前参加工作、连续工龄（包括缴费年限）不满 10 年，或者本办法实施后参加工作、缴费不满 15 年，到达退休年龄的人员，按其基本养老保险个人账户中的全部储存额一次性支付给本人，同时终止养老保险关系。

（八）符合离休条件的人员，其离休待遇仍按国家现行规定执行。

附件二　企业职工基本养老保险社会统筹与个人账户相结合实施办法之二

一、基本养老保险费用的筹集

（一）职工本人上一年度月平均工资为个人缴纳基本养老保险费的基数（以下简称缴费工资基数）。企业以全部职工缴费工资基数之和为企业缴费工资基数。月平均工资应按国家统计局规定列入工资总额统计的项目计算，其中包括工资、奖金、津贴、补贴等收入。职工月平均工资低于当地职工平均工资60%的，按60%计算缴费工资基数；超过当地职工平均工资300%的部分不计入缴费工资基数，也不计入计发养老金的基数。

（二）基本养老保险费由企业和职工个人共同缴纳。企业和职工个人共同缴纳养老保险费的年限，称为“缴费年限”。实行个人缴费制度前，职工的连续工龄可视同缴费年限。

（三）企业按当地政府规定的比例缴费，并在税前列支。职工按当地政府规定的比例缴费，个人缴纳的养老保险费不计征个人所得税。个人缴费比例随着职工工资收入的增长而逐步提高。具体比例由当地政府根据本地实际需要和职工承受能力确定。已离退休人员不缴纳养老保险费。

（四）个体工商户本人、私营企业主等非工薪收入者，可以当地全部职工月平均工资作为基数，缴纳基本养老保险费。缴纳比例不超过当地企业缴费比例与个人缴费比例之和，具体比例由当地政府规定。缴费年限自开始缴费始，至到达法定退休年龄时止。

（五）社会统筹基金发生困难时，由同级财政予以支持。

二、建立基本养老保险个人账户

（一）按照社会统筹与个人账户相结合的原则，由社会保险经办机构按照国家技术监督局发布的社会保障号码（国家标准 GB11643－89），为每个参加基本养老保险的人员建立基本养老保险个人账户。企业和个人缴纳的养老保险费逐月计入职工养老保险手册和个人账户。手册和个人账户由所在企业填写，社会保险经办机构定期审核，职工本人保管。职工离退休时，按照手册中记载的缴费工资和个人账户中的储存额（包括本金和利息）为其计发养老金。

（二）个人账户包括

1. 职工个人缴费的全部或者一部分记入个人账户；

2. 企业缴费中，职工缴费工资基数高于当地职工平均工资200%以上至300%的部分，可以全部或者一部分记入个人账户；

3. 上述储存额的利息。个人账户中还应当记录企业和职工个人的缴费工资基数以及缴费比例。

（三）个人账户中储存额的利息，按照养老保险基金营运的实际收益计算。

（四）职工在同一地区内调动工作，不变换个人账户。职工由于各种原因停止工作或失业而间断缴纳养老保险费的，其个人账户予以保留。职工调动或中断工作前后缴费年限可以累积计算，个人账户储存额不间断计息。职工在不同地区之间调动工作。个人账户及其储存额应随同转移。

三、基本养老保险金计发办法

（一）缴费年限满10年及以上的，按以下办法计发养老金：

1. 社会性养老金：按当地职工平均工资的20－25%计发，具体比例由当地政府确定。

2. 缴费性养老金：个人及企业缴费每满1年，按缴费工资基数的1.0－1.4%计发，具体系数由当地政府确定。社会性养老金和缴费性养老金从养老保险社会统筹基金中支付，按月计发。

3. 个人账户养老金：记入基本养老保险个人账户的储存额（包括本金和利息）归个人所有，职工符合离退休条件离退休后，可以由本人选择一次或者多次或者按月领取。职工或离退休人员死亡后，其个人账户储存额的结余部分一次发给其指定的受益人或者法定继承人。职工未达到规定离退休条件但遇到非常特殊的困难时，经过申请、审查和批准，可以在个人账户中提前支取一部分费用，具体办法另行规定。

4. 随着个人账户养老金逐年增加，逐步冲减基本养老金中保留的各种补贴，以至缴费性养老金。逐步将基本养老金调整到与我国经济发展相适应的合理水平。

（二）缴费年限不满 10 年的，社会性养老金和缴费性养老金按缴费每满 1 年发给相当于两个月当地职工平均工资的养老金，一次付清。个人账户养老金按个人账户的储存额（包括本金和利息）计发，一次付清。

（三）职工的离退休年龄和离退休后其他待遇，暂不作变动。从事高空、井下、高温、低温、有毒、有害工作和特别繁重体力劳动的职工，仍可按国家规定的离退休年龄执行，离退休时按本办法计发基本养老金。

（四）本办法实施后，职工获得劳动模范等称号时，由奖励单位给予一次性奖励或由本单位为其办理补充养老保险，离退休时不另外提高基本养老金计发标准。对本办法实施前获得国家规定可享受养老保险优惠待遇的劳动模范等称号的职工，离退休时仍保留原规定的优惠待遇。

（五）符合离休条件的人员，其离休待遇仍按国家现行规定执行。

附录三

国务院关于建立统一的企业职工基本养老保险制度的决定

国发［1997］26号

（1997年7月16日起施行）

各省、自治区、直辖市人民政府，国务院各部委、各直属机构：

近年来，各地区和有关部门按照《国务院关于深化企业职工养老保险制度改革的通知》（国发［1995］6号）要求，制定了社会统筹与个人账户相结合的养老保险制度改革方案，建立了职工基本养老保险个人账户，促进了养老保险新机制的形成，保障了离退休人员的基本生活，企业职工养老保险制度改革取得了新的进展。但是，由于这项改革仍处在试点阶段，目前还存在基本养老保险制度不统一、企业负担重、统筹层次低、管理制度不健全等问题，必须按照党中央、国务院确定的目标和原则，进一步加快改革步伐，建立统一的企业职工基本养老保险制度，促进经济与社会健康发展。为此，国务院在总结近几年改革试点经验的基础上做出如下决定：

一、到20世纪末，要基本建立起适应社会主义市场经济体制要求，适用城镇各类企业职工和个体劳动者，资金来源多渠道、保障方式多层次、社会统筹与个人账户相结合、权利与义务相对应、管理服务社会化的养老保险体系。企业职工养老保险要贯彻社会互济与自我保障相结合、公平与效率相结合、行政管理与基金管理分开等原则，保障水平要与我国社会生产力发展水平及各方面的承受能力相适应。

二、各级人民政府要把社会保险事业纳入本地区国民经济与社会发展计划，贯彻基本养老保险只能保障退休人员基本生活的原则，把改革企业职工养老保险制度与建立多层次的社会保障体系紧密结合起来，确保离退休人员基本养老金和失业人员失业救济金的发放，积极推行城市居民最低生活保障制度。为使离退休人员的生活随着经济与社会发展不断得到改善，体现按劳分配原则和地区发展水平及企业经济效益的差异，各地区和有关部门要在国家政策指导下大力发展企业补充养老保险，同时发挥商业保险的补充作用。

三、企业缴纳基本养老保险费（以下简称企业缴费）的比例，一般不得超过企业工资总额的20%（包括划入个人账户的部分），具体比例由省、自治区、直辖市人民政府确定。少数省、自治区、直辖市因离退休人数较多、养老保险负担过重，确需超过企业工资总额20%的，应报劳动部、财政部审批。个人缴纳基本养老保险费（以下简称个人缴费）的比例，1997年不得低于本人缴费工资的4%，1998年起每两年提高1个百分点，最终达到本人缴费工资的8%。有条件的地区和工资增长较快的年份，个人缴费比例提高的速度应适当加快。

四、按本人缴费工资11%的数额为职工建立基本养老保险个人账户，个人缴费全部记入个人账户，其余部分从企业缴费中划入。随着个人缴费比例的提高，企业划入的部分要逐步降至3%。个人账户储存额，每年参考银行同期存款利率计算利息。个人账户储存额只用于职工养老，不得提前支取。职工调动时，个人账户全部随同转移。职工或退休人员死亡，个人账户中的个人缴费部分可以继承。

五、本决定实施后参加工作的职工，个人缴费年限累计满15年的，退休后按月发给基本养老金。基本养老金由基础养老金和个人账户养老金组成。退休时的基础养老金月标准为省、自治区、直辖市或地（市）上年度职工月平均工资的 20%，个人账户养老金月标准为本人帐户储存额除以 120。个人缴费年限累计不满 15 年的，退休后不享受基础养老金待遇，其个人账户储存额一次支付给本人。

本决定实施前已经离退休的人员，仍按国家原来的规定发给养老金，同时执行养老金调整办法。各地区和有关部门要按照国家规定进一步完善基本养老金正常调整机制，认真抓好落实。

本决定实施前参加工作、实施后退休且个人缴费和视同缴费年限累计满 15 年的人员，按照新老办法平稳衔接、待遇水平基本平衡等原则，在发给基础养老金和个人账户养老金的基础上再确定过渡性养老金，过渡性养老金从养老保险基金中解决。具体办法，由劳动部会同有关部门制订并指导实施。

六、进一步扩大养老保险的覆盖范围，基本养老保险制度要逐步扩大到城镇所有企业及其职工。城镇个体劳动者也要逐步实行基本养老保险制度，其缴费比例和待遇水平由省、自治区、直辖市人民政府参照本决定精神确定。

七、抓紧制定企业职工养老保险基金管理条例，加强对养老保险基金的管理。基本养老保险基金实行收支两条线管理，要保证专款专用，全部用于职工养老保险，严禁挤占挪用和挥霍浪费。基金结余额，除预留相当于 2 个月的支付费用外，应全部购买国家债券和存入专户，严格禁止投入其他金融和经营性事业。要建立健全社会保险基金监督机构，财政、审计部门要依法加强监督，确保基金的安全。

八、为有利于提高基本养老保险基金的统筹层次和加强宏观调控，要逐步由县级统筹向省或省授权的地区统筹过渡。待全国基本实现省级统筹后，原经国务院批准由有关部门和单位组织统筹的企业，参加所在地区的社会统筹。

九、提高社会保险管理服务的社会化水平，尽快将目前由企业发放养老金改为社会化发放，积极创造条件将离退休人员的管理服务工作逐步由企业转向社会，减轻企业的社会事务负担。各级社会保险机构要进一步加强基础建设，改进和完善服务与管理工作，不断提高工作效率和服务质量，促进养老保险制度的改革。

十、实行企业化管理的事业单位，原则上按照企业养老保险制度执行。

建立统一的企业职工基本养老保险制度是深化社会保险制度改革的重要步骤，关系改革、发展和稳定的全局。各地区和有关部门要予以高度重视，切实加强领导，精心组织实施。劳动部要会同国家体改委等有关部门加强工作指导和监督检查，及时研究解决工作中遇到的问题，确保本决定的贯彻实施。

附录四

国务院关于完善企业职工基本养老保险制度的决定

国发［2005］38号

（2005年12月3日起施行）

各省、自治区、直辖市人民政府，国务院各部委、各直属机构：

近年来，各地区和有关部门按照党中央、国务院关于完善企业职工基本养老保险制度的部署和要求，以确保企业离退休人员基本养老金按时足额发放为中心，努力扩大基本养老保险覆盖范围，切实加强基本养老保险基金征缴，积极推进企业退休人员社会化管理服务，各项工作取得明显成效，为促进改革、发展和维护社会稳定发挥了重要作用。但是，随着人口老龄化、就业方式多样化和城市化的发展，现行企业职工基本养老保险制度还存在个人账户没有做实、计发办法不尽合理、覆盖范围不够广泛等不适应的问题，需要加以改革和完善。为此，在充分调查研究和总结东北三省完善城镇社会保障体系试点经验的基础上，国务院对完善企业职工基本养老保险制度做出如下决定：

一、完善企业职工基本养老保险制度的指导思想和主要任务。以邓小平理论和“三个代表”重要思想为指导，认真贯彻党的十六大和十六届三中、四中、五中全会精神，按照落实科学发展观和构建社会主义和谐社会的要求，统筹考虑当前和长远的关系，坚持覆盖广泛、水平适当、结构合理、基金平衡的原则，完善政策，健全机制，加强管理，建立起适合我国国情，实现可持续发展的基本养老保险制度。主要任务是：确保基本养老金按时足额发放，保障离退休人员基本生活；逐步做实个人账户，完善社会统筹与个人账户相结合的基本制度；统一城镇个体工商户和灵活就业人员参保缴费政策，扩大覆盖范围；改革基本养老金计发办法，建立参保缴费的激励约束机制；根据经济发展水平和各方面承受能力，合理确定基本养老金水平；建立多层次养老保险体系，划清中央与地方、政府与企业及个人的责任；加强基本养老保险基金征缴和监管，完善多渠道筹资机制；进一步做好退休人员社会化管理工作，提高服务水平。

二、确保基本养老金按时足额发放。要继续把确保企业离退休人员基本养老金按时足额发放作为首要任务，进一步完善各项政策和工作机制，确保离退休人员基本养老金按时足额发放，不得发生新的基本养老金拖欠，切实保障离退休人员的合法权益。对过去拖欠的基本养老金，各地要根据《中共中央办公厅国务院办公厅关于进一步做好补发拖欠基本养老金和企业调整工资工作的通知》要求，认真加以解决。

三、扩大基本养老保险覆盖范围。城镇各类企业职工、个体工商户和灵活就业人员都要参加企业职工基本养老保险。当前及今后一个时期，要以非公有制企业、城镇个体工商户和灵活就业人员参保工作为重点，扩大基本养老保险覆盖范围。要进一步落实国家有关社会保险补贴政策，帮助就业困难人员参保缴费。城镇个体工商户和灵活就业人员参加基本养老保险的缴费基数为当地上年度在岗职工平均工资，缴费比例为20%，其中8%记入个人账户，退休后按企业职工基本养老金计发办法计发基本养老金。

四、逐步做实个人账户。做实个人账户，积累基本养老保险基金，是应对人口老龄化的重要举措，也是实现企业职工基本养老保险制度可持续发展的重要保证。要继续抓好东北三省做实个人账户试点工作，抓紧研究制订其他地区扩大做实个人账户试点的具体方案，报国务院批准后实施。国家制订个人账户基金管理和投资运营办法，实现保值增值。

五、加强基本养老保险基金征缴与监管。要全面落实《社会保险费征缴暂行条例》的各项规定，严格执行社会保险登记和缴费申报制度，强化社会保险稽核和劳动保障监察执法工作，努力提高征缴率。凡是参加企业职工基本养老保险的单位和个人，都必须按时足额缴纳基本养老保险费；对拒缴、瞒报少缴基本养老保险费的，要依法处理；对欠缴基本养老保险费的，要采取各种措施，加大追缴力度，确保基本养老保险基金应收尽收。各地要按照建立公共财政的要求，积极调整财政支出结构，加大对社会保障的资金投入。

基本养老保险基金要纳入财政专户，实行收支两条线管理，严禁挤占挪用。要制定和完善社会保险基金监督管理的法律法规，实现依法监督。各省、自治区、直辖市人民政府要完善工作机制，保证基金监管制度的顺利实施。要继续发挥审计监督、社会监督和舆论监督的作用，共同维护基金安全。

六、改革基本养老金计发办法。为与做实个人账户相衔接，从2006年1月1日起，个人账户的规模统一由本人缴费工资的11%调整为8%，全部由个人缴费形成，单位缴费不再划入个人账户。同时，进一步完善鼓励职工参保缴费的激励约束机制，相应调整基本养老金计发办法。

《国务院关于建立统一的企业职工基本养老保险制度的决定》（国发[1997] 26号）实施后参加工作、缴费年限（含视同缴费年限，下同）累计满15年的人员，退休后按月发给基本养老金。基本养老金由基础养老金和个人账户养老金组成。退休时的基础养老金月标准以当地上年度在岗职工月平均工资和本人指数化月平均缴费工资的平均值为基数，缴费每满1年发给1%。个人账户养老金月标准为个人账户储存额除以计发月数，计发月数根据职工退休时城镇人口平均预期寿命、本人退休年龄、利息等因素确定。

国发［1997］26号文件实施前参加工作，本决定实施后退休且缴费年限累计满15年的人员，在发给基础养老金和个人账户养老金的基础上，再发给过渡性养老金。各省、自治区、直辖市人民政府要按照待遇水平合理衔接、新老政策平稳过渡的原则，在认真测算的基础上，制订具体的过渡办法，并报劳动保障部、财政部备案。

本决定实施后到达退休年龄但缴费年限累计不满15年的人员，不发给基础养老金；个人账户储存额一次性支付给本人，终止基本养老保险关系。

本决定实施前已经离退休的人员，仍按国家原来的规定发给基本养老金，同时执行基本养老金调整办法。

七、建立基本养老金正常调整机制。根据职工工资和物价变动等情况，国务院适时调整企业退休人员基本养老金水平，调整幅度为省、自治区、直辖市当地企业在岗职工平均工资年增长率的一定比例。各地根据本地实际情况提出具体调整方案，报劳动保障部、财政部审批后实施。

八、加快提高统筹层次。进一步加强省级基金预算管理，明确省、市、县各级人民政府的责任，建立健全省级基金调剂制度，加大基金调剂力度。在完善市级统筹的基础上，尽快提高统筹层次，实现省级统筹，为构建全国统一的劳动力市场和促进人员合理流动创造条件。

九、发展企业年金。为建立多层次的养老保险体系，增强企业的人才竞争能力，更好地保障企业职工退休后的生活，具备条件的企业可为职工建立企业年金。企业年金基金实行完全积累，采取市场化的方式进行管理和运营。要切实做好企业年金基金监管工作，实现规范运作，切实维护企业和职工的利益。

十、做好退休人员社会化管理服务工作。要按照建立独立于企业事业单位之外社会保障体系的要求，继续做好企业退休人员社会化管理工作。要加强街道、社区劳动保障工作平台建设，加快公共老年服务设施和服务网络建设，条件具备的地方，可开展老年护理服务，兴建退休人员公寓，为退休人员提供更多更好的服务，不断提高退休人员的生活质量。

十一、不断提高社会保险管理服务水平。要高度重视社会保险经办能力建设，加快社会保障信息服务网络建设步伐，建立高效运转的经办管理服务体系，把社会保险的政策落到实处。各级社会保险经办机构要完善管理制度，制定技术标准，规范业务流程，实现规范化、信息化和专业化管理。同时，要加强人员培训，提高政治和业务素质，不断提高工作效率和服务质量。

完善企业职工基本养老保险制度是构建社会主义和谐社会的重要内容，事关改革发展稳定的大局。各地区和有关部门要高度重视，加强领导，精心组织实施，研究制订具体的实施意见和办法，并报劳动保障部备案。劳动保障部要会同有关部门加强指导和监督检查，及时研究解决工作中遇到的问题，确保本决定的贯彻实施。

本决定自发布之日起实施，已有规定与本决定不一致的，按本决定执行。

附录五

国务院关于开展新型农村社会养老保险试点的指导意见

国发［2009］32号

（2009年12月25日起施行）

各省、自治区、直辖市人民政府，国务院各部委、各直属机构：

根据党的十七大和十七届三中全会精神，国务院决定，从2009年起开展新型农村社会养老保险（以下简称新农保）试点。现就试点工作提出以下指导意见：

一、基本原则

新农保工作要高举中国特色社会主义伟大旗帜，以邓小平理论和“三个代表”重要思想为指导，深入贯彻落实科学发展观，按照加快建立覆盖城乡居民的社会保障体系的要求，逐步解决农村居民老有所养问题。新农保试点的基本原则是“保基本、广覆盖、有弹性、可持续”。一是从农村实际出发，低水平起步，筹资标准和待遇标准要与经济发展及各方面承受能力相适应；二是个人（家庭）、集体、政府合理分担责任，权利与义务相对应；三是政府主导和农民自愿相结合，引导农村居民普遍参保；四是中央确定基本原则和主要政策，地方制订具体办法，对参保居民实行属地管理。

二、任务目标

探索建立个人缴费、集体补助、政府补贴相结合的新农保制度，实行社会统筹与个人账户相结合，与家庭养老、土地保障、社会救助等其他社会保障政策措施相配套，保障农村居民老年基本生活。2009 年试点覆盖面为全国 10% 的县（市、区、旗），以后逐步扩大试点，在全国普遍实施，2020 年之前基本实现对农村适龄居民的全覆盖。

三、参保范围

年满 16 周岁（不含在校学生）、未参加城镇职工基本养老保险的农村居民，可以在户籍地自愿参加新农保。

四、基金筹集

新农保基金由个人缴费、集体补助、政府补贴构成。

（一）个人缴费。参加新农保的农村居民应当按规定缴纳养老保险费。缴费标准目前设为每年 100 元、200 元、300 元、400 元、500 元 5 个档次，地方可以根据实际情况增设缴费档次。参保人自主选择档次缴费，多缴多得。国家依据农村居民人均纯收入增长等情况适时调整缴费档次。

（二）集体补助。有条件的村集体应当对参保人缴费给予补助，补助标准由村民委员会召开村民会议民主确定。鼓励其他经济组织、社会公益组织、个人为参保人缴费提供资助。

（三）政府补贴。政府对符合领取条件的参保人全额支付新农保基础养老金，其中中央财政对中西部地区按中央确定的基础养老金标准给予全额补助，对东部地区给予 50% 的补助。

地方政府应当对参保人缴费给予补贴，补贴标准不低于每人每年 30 元；对选择较高档次标准缴费的，可给予适当鼓励，具体标准和办法由省（区、市）人民政府确定。对农村重度残疾人等缴费困难群体，地方政府为其代缴部分或全部最低标准的养老保险费。

五、建立个人账户

国家为每个新农保参保人建立终身记录的养老保险个人账户。个人缴费，集体补助及其他经济组织、社会公益组织、个人对参保人缴费的资助，地方政府对参保人的缴费补贴，全部记入个人账户。个人账户储存额目前每年参考中国人民银行公布的金融机构人民币一年期存款利率计息。

六、养老金待遇

养老金待遇由基础养老金和个人账户养老金组成，支付终身。

中央确定的基础养老金标准为每人每月 55 元。地方政府可以根据实际情况提高基础养老金标准，对于长期缴费的农村居民，可适当加发基础养老金，提高和加发部分的资金由地方政府支出。

个人账户养老金的月计发标准为个人账户全部储存额除以 139（与现行城镇职工基本养老保险个人账户养老金计发系数相同）。参保人死亡，个人账户中的资金余额，除政府补贴外，可以依法继承；政府补贴余额用于继续支付其他参保人的养老金。

七、养老金待遇领取条件

年满 60 周岁、未享受城镇职工基本养老保险待遇的农村有户籍的老年人，可以按月领取养老金。

新农保制度实施时，已年满 60 周岁、未享受城镇职工基本养老保险待遇的，不用缴费，可以按月领取基础养老金，但其符合参保条件的子女应当参保缴费；距领取年龄不足 15 年的，应按年缴费，也允许补缴，累计缴费不超过 15 年；距领取年龄超过 15 年的，应按年缴费，累计缴费不少于 15 年。

要引导中青年农民积极参保、长期缴费，长缴多得。具体办法由省（区、市）人民政府规定。

八、待遇调整

国家根据经济发展和物价变动等情况，适时调整全国新农保基础养老金的最低标准。

九、基金管理

建立健全新农保基金财务会计制度。新农保基金纳入社会保障基金财政专户，实行收支两条线管理，单独记账、核算，按有关规定实现保值增值。试点阶段，新农保基金暂实行县级管理，随着试点扩大和推开，逐步提高管理层次；有条件的地方也可直接实行省级管理。

十、基金监督

各级人力资源社会保障部门要切实履行新农保基金的监管职责，制定完善新农保各项业务管理规章制度，规范业务程序，建立健全内控制度和基金稽核制度，对基金的筹集、上解、划拨、发放进行监控和定期检查，并定期披露新农保基金筹集和支付信息，做到公开透明，加强社会监督。财政、监察、审计部门按各自职责实施监督，严禁挤占挪用，确保基金安全。试点地区新农保经办机构和村民委员会每年在行政村范围内对村内参保人缴费和待遇领取资格进行公示，接受群众监督。

十一、经办管理服务

开展新农保试点的地区，要认真记录农村居民参保缴费和领取待遇情况，建立参保档案，长期妥善保存；建立全国统一的新农保信息管理系统，纳入社会保障信息管理系统（“金保工程”）建设，并与其他公民信息管理系统实现信息资源共享；要大力推行社会保障卡，方便参保人持卡缴费、领取待遇和查询本人参保信息。试点地区要按照精简效能原则，整合现有农村社会服务资源，加强新农保经办能力建设，运用现代管理方式和政府购买服务方式，降低行政成本，提高工作效率。新农保工作经费纳入同级财政预算，不得从新农保基金中开支。

十二、相关制度衔接

原来已开展以个人缴费为主、完全个人账户农村社会养老保险（以下称老农保）的地区，要在妥善处理老农保基金债权问题的基础上，做好与新农保制度衔接。在新农保试点地区，凡已参加了老农保、年满60周岁且已领取老农保养老金的参保人，可直接享受新农保基础养老金；对已参加老农保、未满60周岁且没有领取养老金的参保人，应将老农保个人账户资金并入新农保个人账户，按新农保的缴费标准继续缴费，待符合规定条件时享受相应待遇。

新农保与城镇职工基本养老保险等其他养老保险制度的衔接办法，由人力资源社会保障部会同财政部制定。要妥善做好新农保制度与被征地农民社会保障、水库移民后期扶持政策、农村计划生育家庭奖励扶助政策、农村五保供养、社会优抚、农村最低生活保障制度等政策制度的配套衔接工作，具体办法由人力资源社会保障部、财政部会同有关部门研究制订。

十三、加强组织领导

国务院成立新农保试点工作领导小组，研究制订相关政策并督促检查政策的落实情况，总结评估试点工作，协调解决试点工作中出现的问题。

地方各级人民政府要充分认识开展新农保试点工作的重大意义，将其列入当地经济社会发展规划和年度目标管理考核体系，切实加强组织领导。各级人力资源社会保障部门要切实履行新农保工作行政主管部门的职责，会同有关部门做好新农保的统筹规划、政策制定、统一管理、综合协调等工作。试点地区也要成立试点工作领导小组，负责本地区试点工作。

十四、制定具体办法和试点实施方案

省（区、市）人民政府要根据本指导意见，结合本地区实际情况，制定试点具体办法，并报国务院新农保试点工作领导小组备案；要在充分调研、多方论证、周密测算的基础上，提出切实可行的试点实施方案，按要求选择试点地区，报国务院新农保试点工作领导小组审定。试点县（市、区、旗）的试点实施方案由各省（区、市）人民政府批准后实施，并报国务院新农保试点工作领导小组备案。

十五、做好舆论宣传工作

建立新农保制度是深入贯彻落实科学发展观、加快建设覆盖城乡居民社会保障体系的重大决策，是应对国际金融危机、扩大国内消费需求的重大举措，是逐步缩小城乡差距、改变城乡二元结构、推进基本公共服务均等化的重要基础性工程，是实现广大农村居民老有所养、促进家庭和谐、增加农民收入的重大惠民政策。

各地区和有关部门要坚持正确的舆论导向，运用通俗易懂的宣传方式，加强对试点工作重要意义、基本原则和各项政策的宣传，使这项惠民政策深入人心，引导适龄农民积极参保。

各地要注意研究试点过程中出现的新情况、新问题，积极探索和总结解决新问题的办法和经验，妥善处理改革、发展和稳定的关系，把好事办好。重要情况要及时向国务院新农保试点工作领导小组报告。

附录六

国务院关于印发事业单位工作人员养老保险制度改革试点方案的通知

国发［2008］10号

（2008年3月14日起施行）

各省、自治区、直辖市人民政府，国务院各部委、各直属机构：

国务院同意劳动保障部、财政部、人事部制订的《事业单位工作人员养老保险制度改革试点方案》（以下简称《试点方案》），现予印发。

建立完善的事业单位工作人员养老保险制度，是加快建立覆盖城乡居民社会保障体系的重要举措，直接关系事业单位工作人员切身利益，涉及面广，政策性强，必须先行试点，积累经验，积极稳妥地推进。国务院决定，在山西省、上海市、浙江省、广东省、重庆市先期开展试点，与事业单位分类改革试点配套推进。未进行试点的地区仍执行现行事业单位退休制度。

试点地区和有关部门要充分认识做好试点工作的重大意义，切实加强领导，周密部署，妥善处理好改革前后退休人员待遇水平的平稳衔接，确保试点工作顺利进行。劳动保障部、财政部、人事部、中央编办要组成试点工作小组，加强对试点工作的协调和指导，及时总结试点经验，不断完善改革方案。各试点地区要按照《试点方案》制订具体的实施方案，报国务院批准后实施。要注意研究试点过程中出现的新情况、新问题，并积极探索解决问题的办法，重要情况及时报告。

《事业单位工作人员养老保险制度改革试点方案》

根据党的十七大和十六届三中、五中、六中全会精神，为完善社会保障体系，保证事业单位改革顺利进行，促进人员流动，保障退休人员基本生活，制订本方案。

一、改革的指导思想

以邓小平理论和“三个代表”重要思想为指导，按照全面落实科学发展观和构建社会主义和谐社会的要求，根据分类推进事业单位改革的需要，遵循权利与义务相对应、公平与效率相结合、保障水平与经济发展水平及各方面承受能力相适应的原则，逐步建立起独立于事业单位之外，资金来源多渠道、保障方式多层次、管理服务社会化的养老保险体系。

二、改革的主要内容

（一）实行社会统筹与个人账户相结合的基本养老保险制度。

基本养老保险费由单位和个人共同负担，单位缴纳基本养老保险费（以下简称单位缴费）的比例，一般不超过单位工资总额的20%，具体比例由试点省（市）人民政府确定，因退休人员较多、养老保险负担过重，确需超过工资总额20%的，应报劳动保障部、财政部审批。个人缴纳基本养老保险费（以下简称个人缴费）的比例为本人缴费工资的8%，由单位代扣。个人工资超过当地在岗职工平均工资300%以上的部分，不计入个人缴费工资基数；低于当地在岗职工平均工资60%的，按当地在岗职工平均工资的60%计算个人缴费工资基数。按本人缴费工资8%的数额建立基本养老保险个人账户，全部由个人缴费形成。做实个人账户的起步比例为3%，以后每年提高一定比例，逐步达到8%。有条件的试点省（市）可以适当提高起步比例。个人账户储存额只能用于本人养老，不得提前支取。参保人员死亡的，其个人账户中的储存余额可以继承。

（二）基本养老金的计发办法。

本方案实施后参加工作、个人缴费年限（含视同缴费年限，下同）累计满 15 年的人员，退休后按月发给基本养老金。基本养老金由基础养老金和个人账户养老金组成，退休时的基础养老金月标准以当地上年度在岗职工月平均工资和本人指数化月平均缴费工资的平均值为基数，缴费每满 1 年发给 1%。个人账户养老金月标准为个人账户储存额除以计发月数，计发月数根据本人退休时城镇人口平均预期寿命、本人退休年龄、利息等因素确定。(详见附件)

本方案实施前参加工作、实施后退休且个人缴费年限累计满 15 年的人员，按照合理衔接、平稳过渡的原则，在发给基础养老金和个人账户养老金的基础上，再发给过渡性养老金。具体标准由各试点省（市）人民政府确定，并报劳动保障部、财政部备案。

本方案实施后达到退休年龄但个人缴费年限累计不满 15 年的人员，不发给基础养老金；个人账户储存额一次性支付给本人，终止基本养老保险关系。

本方案实施前已经退休的人员，继续按照国家规定的原待遇标准发放基本养老金，参加国家统一的基本养老金调整。

（三）建立基本养老金正常调整机制。

为使事业单位退休人员享受经济社会发展成果，保障其退休后的基本生活，根据职工工资增长和物价变动等情况，国务院统筹考虑事业单位退休人员的基本养老金调整。

（四）建立职业年金制度。

为建立多层次的养老保险体系，提高事业单位工作人员退休后的生活水平，增强事业单位的人才竞争能力，在参加基本养老保险的基础上，事业单位建立工作人员职业年金制度。具体办法由劳动保障部会同财政部、人事部制定。

（五）逐步实行省级统筹。

进一步明确省、市、县各级人民政府的责任，建立健全省级基金调剂制度。具备条件的试点省（市）可从改革开始即实行省级统筹；暂不具备条件的，可实行与企业职工基本养老保险相同的统筹层次。

三、改革的保障措施

（一）加强基本养老保险基金管理。

事业单位基本养老保险基金单独建账，与企业职工基本养老保险基金分别管理使用，待条件具备时，与企业职工基本养老保险基金统一管理使用。基金纳入社会保障基金财政专户，实行收支两条线管理，保证专款专用。基金按照国家规定管理和投资运营，确保安全，实现保值增值。要做好事业单位养老保险登记和缴费申报工作，切实加强基金征缴，做到应收尽收。各级财政要积极调整财政支出结构，加大社会保障资金投入，确保基本养老金按时足额发放。

（二）做好养老保险关系转移工作。

事业单位工作人员在同一统筹范围内流动时，只转移养老保险关系，不转移基金。跨统筹范围流动时，在转移养老保险关系的同时，个人账户基金随同转移。事业单位工作人员流动到机关或企业时，其养老保险关系转移办法按照劳动保障部、财政部、人事部、中央编办《关于职工在机关事业单位与企业之间流动时社会保险关系处理意见的通知》（劳社部发印［2001］13号）规定执行。

（三）逐步实行社会化管理服务。

按照建立和完善独立于企事业单位之外的社会保障体系的要求，提高事业单位社会保险社会化管理服务水平，基本养老金实行社会化发放。继续加强街道、社区劳动保障工作平台建设，加快老年服务设施和服务网络建设，为退休人员提供更多更好的服务。

（四）提高社会保险管理服务水平。

试点地区可根据事业单位工作人员养老保险制度改革的实际需要，适当充实社会保险经办机构工作人员和经费，为社会保险机构提供相适应的工作条件。社会保险机构要进一步加强能力建设，完善管理制度，制订和规范业务流程，实现规范化、信息化和专业化管理，不断提高工作效率和服务质量。

（五）加强组织领导。

事业单位工作人员养老保险制度改革情况复杂，涉及面广，政策性强，各试点地区人民政府和有关部门要高度重视，加强领导，周密部署，精心组织，结合当地实际情况，认真做好实施工作。劳动保障部、财政部、人事部、中央编办要通力合作，密切配合，加强与试点省（市）的联系与沟通，切实做好事业单位工作人员养老保险制度改革试点的指导工作。

四、改革的适用范围

本方案适用于分类改革后从事公益服务的事业单位及其工作人员。

附录七

国务院关于开展城镇居民社会养老保险试点的指导意见

国发［2011］18号

（2011年6月7日起施行）

各省、自治区、直辖市人民政府，国务院各部委、各直属机构：

根据党的十七大精神和《中华人民共和国国民经济和社会发展第十二个五年规划纲要》、《中华人民共和国社会保险法》的规定，国务院决定，从2011年起开展城镇居民社会养老保险（以下简称城镇居民养老保险）试点。现就试点工作提出以下指导意见：

一、基本原则

城镇居民养老保险工作要高举中国特色社会主义伟大旗帜，以邓小平理论和“三个代表”重要思想为指导，深入贯彻落实科学发展观，按照加快建立覆盖城乡居民的社会保障体系的要求，逐步解决城镇无养老保障居民的老有所养问题。城镇居民养老保险试点的基本原则是“保基本、广覆盖、有弹性、可持续”。一是从城镇居民的实际情况出发，低水平起步，筹资标准和待遇标准要与经济发展及各方面承受能力相适应；二是个人（家庭）和政府合理分担责任，权利与义务相对应；三是政府主导和居民自愿相结合，引导城镇居民普遍参保；四是中央确定基本原则和主要政策，地方制定具体办法，城镇居民养老保险实行属地管理。

二、任务目标

建立个人缴费、政府补贴相结合的城镇居民养老保险制度，实行社会统筹和个人账户相结合，与家庭养老、社会救助、社会福利等其他社会保障政策相配套，保障城镇居民老年基本生活。2011 年 7 月 1 日启动试点工作，实施范围与新型农村社会养老保险（以下简称新农保）试点基本一致，2012 年基本实现城镇居民养老保险制度全覆盖。

三、参保范围

年满 16 周岁（不含在校学生）、不符合职工基本养老保险参保条件的城镇非从业居民，可以在户籍地自愿参加城镇居民养老保险。

四、基金筹集

城镇居民养老保险基金主要由个人缴费和政府补贴构成。

（一）个人缴费。参加城镇居民养老保险的城镇居民应当按规定缴纳养老保险费。缴费标准目前设为每年 100 元、200 元、300 元、400 元、500 元、600 元、700 元、800 元、900 元、1000 元 10 个档次，地方人民政府可以根据实际情况增设缴费档次。参保人自主选择档次缴费，多缴多得。国家依据经济发展和城镇居民人均可支配收入增长等情况适时调整缴费档次。

（二）政府补贴。政府对符合待遇领取条件的参保人全额支付城镇居民养老保险基础养老金。其中，中央财政对中西部地区按中央确定的基础养老金标准给予全额补助，对东部地区给予 50% 的补助。

地方人民政府应对参保人员缴费给予补贴，补贴标准不低于每人每年 30 元；对选择较高档次标准缴费的，可给予适当鼓励，具体标准和办法由省（区、市）人民政府确定。对城镇重度残疾人等缴费困难群体，地方人民政府为其代缴部分或全部最低标准的养老保险费。

（三）鼓励其他经济组织、社会组织和个人为参保人缴费提供资助。

五、建立个人账户

国家为每个参保人员建立终身记录的养老保险个人账户。个人缴费、地方人民政府对参保人的缴费补贴及其他来源的缴费资助，全部记入个人账户。个人账户储存额目前每年参考中国人民银行公布的金融机构人民币一年期存款利率计息。

六、养老金待遇

养老金待遇由基础养老金和个人账户养老金构成，支付终身。

中央确定的基础养老金标准为每人每月55元。地方人民政府可以根据实际情况提高基础养老金标准，对于长期缴费的城镇居民，可适当加发基础养老金，提高和加发部分的资金由地方人民政府支出。

个人账户养老金的月计发标准为个人账户储存额除以139（与现行职工基本养老保险及新农保个人账户养老金计发系数相同）。参保人员死亡，个人账户中的资金余额，除政府补贴外，可以依法继承；政府补贴余额用于继续支付其他参保人的养老金。

七、养老金待遇领取条件

参加城镇居民养老保险的城镇居民，年满60周岁，可按月领取养老金。

城镇居民养老保险制度实施时，已年满60周岁，未享受职工基本养老保险待遇以及国家规定的其他养老待遇的，不用缴费，可按月领取基础养老金；距领取年龄不足15年的，应按年缴费，也允许补缴，累计缴费不超过15年；距领取年龄超过15年的，应按年缴费，累计缴费不少于15年。

要引导城镇居民积极参保、长期缴费，长缴多得；引导城镇居民养老保险待遇领取人员的子女按规定参保缴费。具体办法由省（区、市）人民政府规定。

八、待遇调整

国家根据经济发展和物价变动等情况，适时调整全国城镇居民养老保险基础养老金的最低标准。

九、基金管理

建立健全城镇居民养老保险基金财务会计制度。城镇居民养老保险基金纳入社会保障基金财政专户，实行收支两条线管理，单独记账、核算，按有关规定实现保值增值。试点阶段，城镇居民养老保险基金暂以试点县（区、市、旗，以下简称试点县）为单位管理，随着试点扩大和推开，逐步提高管理层次；有条件的地方也可直接实行省级管理。

十、基金监督

各级人力资源社会保障部门要切实履行城镇居民养老保险基金的监管职责，制定完善城镇居民养老保险各项业务管理规章制度，规范业务程序，建立健全内控制度和基金稽核制度，对基金的筹集、上解、划拨、发放进行监控和定期检查，并定期披露城镇居民养老保险基金筹集和支付信息，做到公开透明，加强社会监督。财政、监察、审计部门按各自职责实施监督，严禁挤占挪用，确保基金安全。试点地区社会保险经办机构和居委会每年在社区范围内对城镇居民的待遇领取资格进行公示，接受群众监督。

十一、经办管理服务

开展城镇居民养老保险试点的地区，要认真记录城镇居民参保缴费和领取待遇情况，建立参保档案，长期妥善保存；建立全国统一的城镇居民养老保险信息管理系统，与职工基本养老保险、新农保信息管理系统整合，纳入社会保障信息管理系统（“金保工程”）建设，并与其他公民信息管理系统实现信息资源共享；要大力推行社会保障卡，方便参保人持卡缴费、领取待遇和查询本人参保信息。试点地区要按照精简效能原则，整合现有社会保险经办管理资源，建立健全统一的新农保与城镇居民养老保险经办机构，加强经办能力建设。城镇居民养老保险工作经费纳入同级财政预算，不得从城镇居民养老保险基金中开支。

十二、相关制度衔接

有条件的地方，城镇居民养老保险应与新农保合并实施。其他地方应积极创造条件将两项制度合并实施。城镇居民养老保险与职工基本养老保险等其他养老保险制度的衔接办法，由人力资源社会保障部会同财政部制定。要妥善做好城镇居民养老保险制度与城镇居民最低生活保障、社会优抚等政策制度的配套衔接工作，具体办法由人力资源社会保障部、财政部会同有关部门研究制定。

十三、加强组织领导

城镇居民养老保险试点工作由国务院新型农村和城镇居民社会养老保险试点工作领导小组（以下简称国务院试点工作领导小组）统一领导，组织实施。国务院试点工作领导小组研究制定相关政策并督促检查政策的落实情况，总结评估试点工作，协调解决试点工作中出现的问题。

地方各级人民政府要充分认识开展城镇居民养老保险试点工作的重大意义，将其列入当地经济社会发展规划和年度目标管理考核体系，切实加强组织领导。各级人力资源社会保障部门要切实履行城镇居民养老保险工作行政主管部门的职责，会同有关部门做好城镇居民养老保险的统筹规划、政策制定、统一管理、综合协调等工作。试点地区试点工作领导小组负责本地区试点工作。

十四、制定具体办法和试点实施方案

各省（区、市）人民政府要根据本指导意见，结合本地区实际情况，制定试点具体实施办法，并报国务院试点工作领导小组备案；要在充分调研、多方论证、周密测算的基础上，提出切实可行的试点实施方案，按要求选择试点地区，报国务院试点工作领导小组审定。试点县的试点实施方案由各省（区、市）人民政府批准后实施，并报国务院试点工作领导小组备案。

十五、做好舆论宣传工作

建立城镇居民养老保险制度是深入贯彻落实科学发展观、加快建设覆盖城乡居民社会保障体系的重大决策，是调整收入分配结构、扩大国内消费需求的重大举措，是统筹城乡发展、推进基本公共服务均等化的重要政策，是实现广大城镇居民老有所养，促进家庭和睦、社会和谐的重大民生工程。

各地区和有关部门要坚持正确的舆论导向，加强对试点工作重要意义、基本原则和各项政策的宣传，使这项惠民政策深入人心，引导符合条件的城镇居民积极参保。同时，要弘扬中华民族敬老、养老的美德，引导子女依法履行赡养老人的义务。

各地要注意研究试点过程中出现的新情况、新问题，积极探索和总结解决问题的办法和经验，妥善处理改革、发展和稳定的关系，把好事办好。重要情况要及时向国务院试点工作领导小组报告。

附录八

国务院关于建立统一的城乡居民基本养老保险制度的意见

国发〔2014〕8号

（2014年2月21日起施行）

各省、自治区、直辖市人民政府，国务院各部委、各直属机构：

按照党的十八大精神和十八届三中全会关于整合城乡居民基本养老保险制度的要求，依据《中华人民共和国社会保险法》有关规定，在总结新型农村社会养老保险（以下简称新农保）和城镇居民社会养老保险（以下简称城居保）试点经验的基础上，国务院决定，将新农保和城居保两项制度合并实施，在全国范围内建立统一的城乡居民基本养老保险（以下简称城乡居民养老保险）制度。现提出以下意见：

一、指导思想

高举中国特色社会主义伟大旗帜，以邓小平理论、“三个代表”重要思想、科学发展观为指导，贯彻落实党中央和国务院的各项决策部署，按照全覆盖、保基本、有弹性、可持续的方针，以增强公平性、适应流动性、保证可持续性为重点，全面推进和不断完善覆盖全体城乡居民的基本养老保险制度，充分发挥社会保险对保障人民基本生活、调节社会收入分配、促进城乡经济社会协调发展的重要作用。

二、任务目标

坚持和完善社会统筹与个人账户相结合的制度模式，巩固和拓宽个人缴费、集体补助、政府补贴相结合的资金筹集渠道，完善基础养老金和个人账户养老金相结合的待遇支付政策，强化长缴多得、多缴多得等制度的激励机制，建立基础养老金正常调整机制，健全服务网络，提高管理水平，为参保居民提供方便快捷的服务。“十二五”末，在全国基本实现新农保和城居保制度合并实施，并与职工基本养老保险制度相衔接。2020 年前，全面建成公平、统一、规范的城乡居民养老保险制度，与社会救助、社会福利等其他社会保障政策相配套，充分发挥家庭养老等传统保障方式的积极作用，更好保障参保城乡居民的老年基本生活。

三、参保范围

年满 16 周岁（不含在校学生），非国家机关和事业单位工作人员及不属于职工基本养老保险制度覆盖范围的城乡居民，可以在户籍地参加城乡居民养老保险。

四、基金筹集

城乡居民养老保险基金由个人缴费、集体补助、政府补贴构成。

（一）个人缴费。

参加城乡居民养老保险的人员应当按规定缴纳养老保险费。缴费标准目前设为每年 100 元、200 元、300 元、400 元、500 元、600 元、700 元、800 元、900 元、1000 元、1500 元、2000 元 12 个档次，省（区、市）人民政府可以根据实际情况增设缴费档次，最高缴费档次标准原则上不超过当地灵活就业人员参加职工基本养老保险的年缴费额，并报人力资源社会保障部备案。人力资源社会保障部会同财政部依据城乡居民收入增长等情况适时调整缴费档次标准。参保人自主选择档次缴费，多缴多得。

（二）集体补助。

有条件的村集体经济组织应当对参保人缴费给予补助，补助标准由村民委员会召开村民会议民主确定，鼓励有条件的社区将集体补助纳入社区公益事业资金筹集范围。鼓励其他社会经济组织、公益慈善组织、个人为参保人缴费提供资助。补助、资助金额不超过当地设定的最高缴费档次标准。

（三）政府补贴。

政府对符合领取城乡居民养老保险待遇条件的参保人全额支付基础养老金，其中，中央财政对中西部地区按中央确定的基础养老金标准给予全额补助，对东部地区给予50%的补助。

地方人民政府应当对参保人缴费给予补贴，对选择最低档次标准缴费的，补贴标准不低于每人每年30元；对选择较高档次标准缴费的，适当增加补贴金额；对选择500元及以上档次标准缴费的，补贴标准不低于每人每年60元，具体标准和办法由省（区、市）人民政府确定。对重度残疾人等缴费困难群体，地方人民政府为其代缴部分或全部最低标准的养老保险费。

五、建立个人账户

国家为每个参保人员建立终身记录的养老保险个人账户，个人缴费、地方人民政府对参保人的缴费补贴、集体补助及其他社会经济组织、公益慈善组织、个人对参保人的缴费资助，全部记入个人账户。个人账户储存额按国家规定计息。

六、养老保险待遇及调整

城乡居民养老保险待遇由基础养老金和个人账户养老金构成，支付终身。

（一）基础养老金。中央确定基础养老金最低标准，建立基础养老金最低标准正常调整机制，根据经济发展和物价变动等情况，适时调整全国基础养老金最低标准。地方人民政府可以根据实际情况适当提高基础养老金标准；对长期缴费的，可适当加发基础养老金，提高和加发部分的资金由地方人民政府支出，具体办法由省（区、市）人民政府规定，并报人力资源社会保障部备案。

（二）个人账户养老金。个人账户养老金的月计发标准，目前为个人账户全部储存额除以139（与现行职工基本养老保险个人账户养老金计发系数相同）。参保人死亡，个人账户资金余额可以依法继承。

七、养老保险待遇领取条件

参加城乡居民养老保险的个人，年满60周岁、累计缴费满15年，且未领取国家规定的基本养老保障待遇的，可以按月领取城乡居民养老保险待遇。

新农保或城居保制度实施时已年满60周岁，在本意见印发之日前未领取国家规定的基本养老保障待遇的，不用缴费，自本意见实施之月起，可以按月领取城乡居民养老保险基础养老金；距规定领取年龄不足15年的，应逐年缴费，也允许补缴，累计缴费不超过15年；距规定领取年龄超过15年的，应按年缴费，累计缴费不少于15年。

城乡居民养老保险待遇领取人员死亡的，从次月起停止支付其养老金。有条件的地方人民政府可以结合本地实际探索建立丧葬补助金制度。社会保险经办机构应每年对城乡居民养老保险待遇领取人员进行核对；村（居）民委员会要协助社会保险经办机构开展工作，在行政村（社区）范围内对参保人待遇领取资格进行公示，并与职工基本养老保险待遇等领取记录进行比对，确保不重、不漏、不错。

八、转移接续与制度衔接

参加城乡居民养老保险的人员，在缴费期间户籍迁移、需要跨地区转移城乡居民养老保险关系的，可在迁入地申请转移养老保险关系，一次性转移个人账户全部储存额，并按迁入地规定继续参保缴费，缴费年限累计计算；已经按规定领取城乡居民养老保险待遇的，无论户籍是否迁移，其养老保险关系不转移。

城乡居民养老保险制度与职工基本养老保险、优抚安置、城乡居民最低生活保障、农村五保供养等社会保障制度以及农村部分计划生育家庭奖励扶助制度的衔接，按有关规定执行。

九、基金管理和运营

将新农保基金和城居保基金合并为城乡居民养老保险基金，完善城乡居民养老保险基金财务会计制度和各项业务管理规章制度。城乡居民养老保险基金纳入社会保障基金财政专户，实行收支两条线管理，单独记账、独立核算，任何地区、部门、单位和个人均不得挤占挪用、虚报冒领。各地要在整合城乡居民养老保险制度的基础上，逐步推进城乡居民养老保险基金省级管理。

城乡居民养老保险基金按照国家统一规定投资运营，实现保值增值。

十、基金监督

各级人力资源社会保障部门要会同有关部门认真履行监管职责，建立健全内控制度和基金稽核监督制度，对基金的筹集、上解、划拨、发放、存储、管理等进行监控和检查，并按规定披露信息，接受社会监督。财政部门、审计部门按各自职责，对基金的收支、管理和投资运营情况实施监督。对虚报冒领、挤占挪用、贪污浪费等违纪违法行为，有关部门按国家有关法律法规严肃处理。要积极探索有村（居）民代表参加的社会监督的有效方式，做到基金公开透明，制度在阳光下运行。

十一、经办管理服务与信息化建设

省（区、市）人民政府要切实加强城乡居民养老保险经办能力建设，结合本地实际，科学整合现有公共服务资源和社会保险经办管理资源，充实加强基层经办力量，做到精确管理、便捷服务。要注重运用现代管理方式和政府购买服务方式，降低行政成本，提高工作效率。要加强城乡居民养老保险工作人员专业培训，不断提高公共服务水平。社会保险经办机构要认真记录参保人缴费和领取待遇情况，建立参保档案，按规定妥善保存。地方人民政府要为经办机构提供必要的工作场地、设施设备、经费保障。城乡居民养老保险工作经费纳入同级财政预算，不得从城乡居民养老保险基金中开支。基层财政确有困难的地区，省市级财政可给予适当补助。

各地要在现有新农保和城居保业务管理系统基础上，整合形成省级集中的城乡居民养老保险信息管理系统，纳入“金保工程”建设，并与其他公民信息管理系统实现信息资源共享；要将信息网络向基层延伸，实现省、市、县、乡镇（街道）、社区实时联网，有条件的地区可延伸到行政村；要大力推行全国统一的社会保障卡，方便参保人持卡缴费、领取待遇和查询本人参保信息。

十二、加强组织领导和政策宣传

地方各级人民政府要充分认识建立城乡居民养老保险制度的重要性，将其列入当地经济社会发展规划和年度目标管理考核体系，切实加强组织领导；要优化财政支出结构，加大财政投入，为城乡居民养老保险制度建设提供必要的财力保障。各级人力资源社会保障部门要切实履行主管部门职责，会同有关部门做好城乡居民养老保险工作的统筹规划和政策制定、统一管理、综合协调、监督检查等工作。

各地区和有关部门要认真做好城乡居民养老保险政策宣传工作，全面准确地宣传解读政策，正确把握舆论导向，注重运用通俗易懂的语言和群众易于接受的方式，深入基层开展宣传活动，引导城乡居民踊跃参保、持续缴费、增加积累，保障参保人的合法权益。

各省（区、市）人民政府要根据本意见，结合本地区实际情况，制定具体实施办法，并报人力资源社会保障部备案。

本意见自印发之日起实施，已有规定与本意见不一致的，按本意见执行。

附录九

国务院关于机关事业单位工作人员养老保险制度改革的决定

国发〔2015〕2号

(2015年1月3日起施行)

各省、自治区、直辖市人民政府，国务院各部委、各直属机构：

按照党的十八大和十八届三中、四中全会精神，根据《中华人民共和国社会保险法》等相关规定，为统筹城乡社会保障体系建设，建立更加公平、可持续的养老保险制度，国务院决定改革机关事业单位工作人员养老保险制度。

一、改革的目标和基本原则。以邓小平理论、“三个代表”重要思想、科学发展观为指导，深入贯彻党的十八大、十八届三中、四中全会精神和党中央、国务院决策部署，坚持全覆盖、保基本、多层次、可持续方针，以增强公平性、适应流动性、保证可持续性为重点，改革现行机关事业单位工作人员退休保障制度，逐步建立独立于机关事业单位之外、资金来源多渠道、保障方式多层次、管理服务社会化的养老保险体系。改革应遵循以下基本原则：

（一）公平与效率相结合。既体现国民收入再分配更加注重公平的要求，又体现工作人员之间贡献大小差别，建立待遇与缴费挂钩机制，多缴多得、长缴多得，提高单位和职工参保缴费的积极性。

（二）权利与义务相对应。机关事业单位工作人员要按照国家规定切实履行缴费义务，享受相应的养老保险待遇，形成责任共担、统筹互济的养老保险筹资和分配机制。

（三）保障水平与经济发展水平相适应。立足社会主义初级阶段基本国情，合理确定基本养老保险筹资和待遇水平，切实保障退休人员基本生活，促进基本养老保险制度可持续发展。

（四）改革前与改革后待遇水平相衔接。立足增量改革，实现平稳过渡。对改革前已退休人员，保持现有待遇并参加今后的待遇调整；对改革后参加工作的人员，通过建立新机制，实现待遇的合理衔接；对改革前参加工作、改革后退休的人员，通过实行过渡性措施，保持待遇水平不降低。

（五）解决突出矛盾与保证可持续发展相促进。统筹规划、合理安排、量力而行，准确把握改革的节奏和力度，先行解决目前城镇职工基本养老保险制度不统一的突出矛盾，再结合养老保险顶层设计，坚持精算平衡，逐步完善相关制度和政策。

二、改革的范围。本决定适用于按照公务员法管理的单位、参照公务员法管理的机关（单位）、事业单位及其编制内的工作人员。

三、实行社会统筹与个人账户相结合的基本养老保险制度。基本养老保险费由单位和个人共同负担。单位缴纳基本养老保险费（以下简称单位缴费）的比例为本单位工资总额的20%，个人缴纳基本养老保险费（以下简称个人缴费）的比例为本人缴费工资的8%，由单位代扣。按本人缴费工资8%的数额建立基本养老保险个人账户，全部由个人缴费形成。个人工资超过当地上年度在岗职工平均工资300%以上的部分，不计入个人缴费工资基数；低于当地上年度在岗职工平均工资60%的，按当地在岗职工平均工资的60%计算个人缴费工资基数。

个人账户储存额只用于工作人员养老，不得提前支取，每年按照国家统一公布的记账利率计算利息，免征利息税。参保人员死亡的，个人账户余额可以依法继承。

四、改革基本养老金计发办法。本决定实施后参加工作、个人缴费年限累计满 15 年的人员，退休后按月发给基本养老金。基本养老金由基础养老金和个人账户养老金组成。退休时的基础养老金月标准以当地上年度在岗职工月平均工资和本人指数化月平均缴费工资的平均值为基数，缴费每满 1 年发给 1%。个人账户养老金月标准为个人账户储存额除以计发月数，计发月数根据本人退休时城镇人口平均预期寿命、本人退休年龄、利息等因素确定（详见附件）。

本决定实施前参加工作、实施后退休且缴费年限（含视同缴费年限，下同）累计满 15 年的人员，按照合理衔接、平稳过渡的原则，在发给基础养老金和个人账户养老金的基础上，再依据视同缴费年限长短发给过渡性养老金。具体办法由人力资源社会保障部会同有关部门制定并指导实施。

本决定实施后达到退休年龄但个人缴费年限累计不满 15 年的人员，其基本养老保险关系处理和基本养老金计发比照《实施〈中华人民共和国社会保险法〉若干规定》（人力资源社会保障部令第 13 号）执行。

本决定实施前已经退休的人员，继续按照国家规定的原待遇标准发放基本养老金，同时执行基本养老金调整办法。

机关事业单位离休人员仍按照国家统一规定发给离休费，并调整相关待遇。

五、建立基本养老金正常调整机制。根据职工工资增长和物价变动等情况，统筹安排机关事业单位和企业退休人员的基本养老金调整，逐步建立兼顾各类人员的养老保险待遇正常调整机制，分享经济社会发展成果，保障退休人员基本生活。

六、加强基金管理和监督。建立健全基本养老保险基金省级统筹；暂不具备条件的，可先实行省级基金调剂制度，明确各级人民政府征收、管理和支付的责任。机关事业单位基本养老保险基金单独建账，与企业职工基本养老保险基金分别管理使用。基金实行严格的预算管理，纳入社会保障基金财政专户，实行收支两条线管理，专款专用。依法加强基金监管，确保基金安全。

七、做好养老保险关系转移接续工作。参保人员在同一统筹范围内的机关事业单位之间流动，只转移养老保险关系，不转移基金。参保人员跨统筹范围流动或在机关事业单位与企业之间流动，在转移养老保险关系的同时，基本养老保险个人账户储存额随同转移，并以本人改革后各年度实际缴费工资为基数，按12%的总和转移基金，参保缴费不足1年的，按实际缴费月数计算转移基金。转移后基本养老保险缴费年限（含视同缴费年限）、个人账户储存额累计计算。

八、建立职业年金制度。机关事业单位在参加基本养老保险的基础上，应当为其工作人员建立职业年金。单位按本单位工资总额的8%缴费，个人按本人缴费工资的4%缴费。工作人员退休后，按月领取职业年金待遇。职业年金的具体办法由人力资源社会保障部、财政部制定。

九、建立健全确保养老金发放的筹资机制。机关事业单位及其工作人员应按规定及时足额缴纳养老保险费。各级社会保险征缴机构应切实加强基金征缴，做到应收尽收。各级政府应积极调整和优化财政支出结构，加大社会保障资金投入，确保基本养老金按时足额发放，同时为建立职业年金制度提供相应的经费保障，确保机关事业单位养老保险制度改革平稳推进。

十、逐步实行社会化管理服务。提高机关事业单位社会保险社会化管理服务水平，普遍发放全国统一的社会保障卡，实行基本养老金社会化发放。加强街道、社区人力资源社会保障工作平台建设，加快老年服务设施和服务网络建设，为退休人员提供方便快捷的服务。

十一、提高社会保险经办管理水平。各地要根据机关事业单位工作人员养老保险制度改革的实际需要，加强社会保险经办机构能力建设，适当充实工作人员，提供必要的经费和服务设施。人力资源社会保障部负责在京中央国家机关及所属事业单位基本养老保险的管理工作，同时集中受托管理其职业年金基金。中央国家机关所属京外单位的基本养老保险实行属地化管理。社会保险经办机构应做好机关事业单位养老保险参保登记、缴费申报、关系转移、待遇核定和支付等工作。要按照国家统一制定的业务经办流程和信息管理系统建设要求，建立健全管理制度，由省级统一集中管理数据资源，实现规范化、信息化和专业化管理，不断提高工作效率和服务质量。

十二、加强组织领导。改革机关事业单位工作人员养老保险制度，直接关系广大机关事业单位工作人员的切身利益，是一项涉及面广、政策性强的工作。各地区、各部门要充分认识改革工作的重大意义，切实加强领导，精心组织实施，向机关事业单位工作人员和社会各界准确解读改革的目标和政策，正确引导舆论，确保此项改革顺利进行。各地区、各部门要按照本决定制定具体的实施意见和办法，报人力资源社会保障部、财政部备案后实施。人力资源社会保障部要会同有关部门制定贯彻本决定的实施意见，加强对改革工作的协调和指导，及时研究解决改革中遇到的问题，确保本决定的贯彻实施。

本决定自 2014 年 10 月 1 日起实施，已有规定与本决定不一致的，按照本决定执行。

附件：个人账户养老金计发月数表

附　件

个人账户养老金计发月数表

退休年龄	计发月数	退休年龄	计发月数
40	233	56	164
41	230	57	158
42	226	58	152
43	223	59	145
44	220	60	139
45	216	61	132
46	212	62	125
47	207	63	117
48	204	64	109
49	199	65	101
50	195	66	93
51	190	67	84
52	185	68	75
53	180	69	65
54	175	70	56
55	170		